미래사회와 교회

미래사회와 교회

이길용 지음

STUP

서울신학대학교출판부

프롤로그

고대 그리스의 사상가 헤라클레이토스(Heraclitus, 기원전 535년~기원전 475년)는 "같은 강물에 두 번 들어갈 수 없다!"라는 격언을 남겼다. 세상의 모든 것이 머물러 있지 않고 늘 바뀌고 흘러간다는 그의 신념이 배인 말이라 하겠다. 지금 오래된 명사의 이야기를 끌어들이지 않더라도 우리 역시 실생활 속에서 세상의 변화를 늘 만나고 겪는다. 더군다나 최근 세상의 변화 속도는 너무도 빨라 현기증이 날 지경이다.

18세기 영국에서 시작된 산업혁명은 세상의 변화에 가속을 더했다. 값비싼 인간의 노동력을 대신할 증기기관의 등장 그리고 뒤를 이어 전기의 실용화, 거기에 더해 컴퓨팅 기술이 빛을 발하며 인간은 이전에는 경험해보지 못한 문명의 이기와 그 혜택을 매우 압축적으로 빠르게 만나고 겪어내야만 했다. 이처럼 세상은 바뀌었고, 사람 역시 달라졌다. 여기에 묶인 글들은 이런 세상과 사람의 변화에 관한 관찰기라 하겠다. 늘 그래왔듯이 교회와 신학은 '동시대성'을 본질로 한다. 동시대 사람과 생활세계에 둔감한 교회와 신학은 제 역할을 할 수가 없다. 세상이 바뀌고 사람이 달라졌다면, 그 변화의 패턴을 교회와 신학은 제대로 읽어내야만 한다. 그것이 교회와 신학이 세상과 맞대어 갖게 되는 숙명적 책무다.

그렇다면 세상은, 또 사람은 어떻게 바뀌었는가? 멀리 갈 것도 없이, 그동안 우리 주변을 가득 메웠던 이슈들을 살펴보면 변화의 흐름을 잡아챌 수 있다. '4차 산업혁명', '빅데이터', '사이버 공간', '메타버스', '인공지능' … 지난 십여 년간 우리의 아젠다를 장악한 주제들이다. 그러다 최근 불거진 바이러스의 침공 역시 이런 변화의 하나로 충분히 제자리를 잡아가고 있다. 그렇다면 그에 따라 사람들은 어떻게 바뀌고 있을까? 새로운 시대의 인류는 이전 논리적 이성 중심형에서 복합감각형 인간으로 전환할 것이라 예견해 본다. 그런 일단의 판단을 "촉의 시대, 몸으로 응답하라!"라는 시론적 글로 정리해 보았고, 뒤를 이어 4차 산업혁명 시대, 사이버공간, 메타버스 시대를 맞이하는 교회의 대응과 선교적 전략을 모색하였다. 이후 코로나19 시대가 가져온 변화와 그에 관한 교회의 대응이 어떠해야 할 것인지를 '혐오 극복'과 '공간 활용'이라는 측면에서 살펴보았고, 다음으론 21세기에도 여전히 한국 사회에서 영향력을 유지하고 있는 샤머니즘에 관해 객관적이고 현상적인 분석을 시도해 보았다. 그리고 종교체험의 핵심인 '성결'의 회복을 현대 사회와 문화 속에서 어떻게 해 나가야 할지를 다루는 것으로 이 책의 마무리를 갈음하였다.

여기에 묶인 글들은 지난 몇 년간 여러 학술지와 잡지에 발표한 것들이다. 그동안 신앙 공동체의 일원으로 변화하는 미래사회에 어떻게 교회가 대응하고, 선교적 전략을 세워야 할 것인지를 고민하였고, 이를 함께 나누어야 하겠다는 책임감이 이 책을 펴내는 가장 큰 동인이리라. 단행본으로 펴내며 누구나 쉽게 읽고 생각해 볼 수 있도록 딱딱한 학술적 표현은 과감히 덜어내고, 더 편안한 글이 되도록 애써 다듬고 꾸며보았다. 부디 독자들의 글맛에 맞는 포장이 되었길 소망해 본다.

신학은 교회라는 현장을 떠나서는 존재할 수 없다. 누가 뭐래도 신학은 교회에 봉사하는 '실천적'이고 '실용적' 학문이기 때문이다. 이 글 역시 그러한 신학의 존재론적 책무에서 자유로울 수 없다. 따라서 이 글을 통해 활발한 현장 사역자의 반향과 간섭을 기대하고, 또 요청해 본다. 연구자와 현장 사역자가 긴밀히 소통하고 각자의 정보와 경험을 공유하여 동시대의 본질과 특성을 옳게 진단하고, 그에 따라 적절히 대응하는 것이 무엇보다 중요하고 필요한 시점이다. 이 책이 그러한 협업의 불쏘시개 소임을 적절히 해내기를 기대해 본다.

우리의 논의를 시작하기 전, 여기에 묶인 글들의 본 출처를 다음과 같이 밝힌다.

I. 촉의 시대, 몸으로 응답하라! / "취미, 종교, 그리고 몸의 신학"『복음과 상황』 311호(2016년 10월호)

주사위는 던져졌고, 화살은 시위를 떠났다. 이제 연구자는 독자의 울림을 기다릴 뿐이다.

2022년 8월

忘羊齋에서

차 례

I

촉의 시대, 몸으로 응답하라!

독일 유학 중 매주 금요일마다 농구를 즐겼다. 처음엔 한국 유학생들 중심으로 편을 나누어 경기했는데, 뒤로 갈수록 사람들이 빠지며 독일 친구 몇이 들어와 얼마 후 우리는 다국적 팀이 되어 매주 두세 시간씩 코트에서 땀을 흘리는 생활을 이어갔다. 유학 중인지라 하루 24시간이 모자라 하며 공부만 해야 할 것 같았는데, 사실 독일 생활에서 가장 기다리던 시간이 바로 '농구 타임'이었다. 제출해야 할 과제에 집중하다가도, 학위 논문 쓰기에 여념이 없다가도 어김없이 금요일 오후만 되면 장비를 챙겨 체육관을 향했다. 동료들과 어울려 땀을 흘리는 게 좋았고, 농구 플레이 자체에 집중하면서 이러저러한 근심을 떨굴 수 있어 행복했다. 그렇게 무려 5년의 세월을 농구 코트에서 땀을 흘리며 가끔 이런 생각이 들곤 했다.

"내가 공부를 하러 온 것인가, 농구를 하러 온 것인가?"

우스갯소리 같지만, 당시 내겐 그만큼 농구라는 취미생활이 즐거웠고, 요긴했고, 또 무게감이 넘쳤다. 본말이 바뀐 것인가? 혹은 주객이 거꾸로 된 것인가? 유학 생활이라면 마땅히 진을 치고 목을 걸어 공부에 전념했어야 하는 건가? 무슨 생각으로 난 적지 않은 시간을 이런 허접한(?) 취미생활을 위해 소비한 것일까? 전 같았으면 이런 소비적 취미 활동에 적잖은 불안감으로 대응했을 터인데, 나는 매우 당당했다. 왜냐하면 그때 이미 나는 이런 나의 문화적 행위를 변호해줄 논리를 터득하고 있었기 때문이다.

바로 네덜란드의 역사가이자 철학자인 하위징아(Johan Huizinga, 1872~1945)의 '놀이론' 덕분이었다.

놀이는 문화의 기원

그는 1938년에 놀이에 관한 기념비적인 책을 인류에게 선사했다.『호모 루덴스』(homo rudens, 1938)라는 이 책은 이성 중심적 인간 이해의 한계를 넘어서는 새로운 관점과 인식 지평의 확장을 가져다주었다. 하위징아의 눈에 '놀이'야말로 인간 문명의 기반이요 화수분이었다. 예술, 철학, 종교, 전쟁, 경기, 법률 등 우리가 누리는 모든 문화적 결과물은 놀이로부터 기원한다는 것이 이른바 '호모 루덴스'의 출발점이었다. 덕분에 나는 내 취미활동과 즐거움의 놀이를 폄하하려는 이에게 하위징아의 라틴어 조어를 읊조리며 종종 역공을 취할 수 있었다. 그러면서 나지막이 내 취미생활은 '인류의 태동 이래 반복되고 있는 지난한 창의적 행위를 이어가고 있는 역사적 사건'이라 너스레를 떨곤 했다.

그렇다. 그렇게 인간은 일하지만, 동시에 몹시 놀이를 갈망한다. 일이 아닌 취미로, 즐거움으로, 유희로 우리는 주체적으로 무언가를 찾고 또 집중하길 원한다.

놀이와 문화의 공통점

하위징아가 놀이를 인간 문화의 기원으로 잡은 것은 철저한 역사적 관찰의 결과라 할 수 있다. 그는 인류의 다양한 놀이 속에 스며있는 공통의 구조를 찾은 다음, 그것이 문화의 골격과 크게 다르지 않음을 확인한 것이다. 예서 잠시 하위징아가 찾아낸 놀이의 공통요소를 살피면 다음과 같다. 우선 놀이는 자발적 행위이다. 누군가의 강요 없이 스스로 나서서 즐기는 것이 바로 놀이라는 것이다. 둘째, 놀이는 '일상'과 '실제 생활'에서 벗어나 이뤄지는 행위이다. 즉, 놀이의 세계는 일상의 그것과는 구별된다. 누구든 놀이를 위해선 노동의 실제 현장에서 벗어나야 하기 때문이다. 셋째, 놀이는 시간과 공간의 제약을 받는다. 무한정 놀 수만은 없다. 놀기 시작하면 끝이 있기 마련이고, 또 그러한 놀이는 독립된 공간에서 이루어지게 된다. 그래서 놀이공간과 일상 세계는 선명하게 구별된다. 이런 구별은 놀이로의 몰입을 배가시키며 아울러 그 때문에 생겨나는 즐거움의 몰입도 강화된다. 넷째, 모든 놀이에는 규칙이 따른다. 놀이에 참여하는 모든 이들은 이러한 규칙에 따른다는 것을 전제로 한다.

하위징아는 이러한 놀이의 구조적 특징이 그대로 인류 문화에 내재되어 있다고 본다. 그래서 그는 놀이와 문화는 한 몸이라 할 수 있고, 더 나아가 모든 문화의 기원이 놀이에 있다고 주장하기에 이른다. 이는 놀이가 문화의 한 자락이며 결과물이라고 봤던 이전의 관점을 거꾸로 뒤집어 버리는 것이고, 이로 인해 놀이에 대한 제대로 된 학문적 관심이 싹트기 시작했다는 점에서 하위징아의 성과는 지대하다 하겠다.

이쯤에서 하위징아의 이야기를 소개하는 것은 갈음하도록 하자. 왜냐하면 우리 논의의 주제는 그를 단순 칭송하는 것에 있는 것은 아니기 때문이다. 이제 놀이와 취미생활의 의미에 대해 좀 더 깊이 있게 추적해 보도록 하자. 놀이가 모든 문화의 기저이고, 그것의 기원을 이룬다고 하는 말에 동의한다면, 자연스레 우리의 물음은 "왜 인간은 놀이를 즐기려 하는가?"로 이어져야 할 것이다. 그리고 이 물음에 온당한 답이 나와야 우리의 놀이와 취미에 대한 이해는 좀 더 제대로 된 길을 걸을 수 있을 것이다.

참을 수 없는 시간의 무거움

나는 그것을 인간의 독특한 '시간 인식'에서 찾는다. 즉, 인간은 시간을 대상으로 만들어 지금 여기에서 어제와 오늘 그리고 내일을 당겨 인식할 수 있는 초유의 능력을 지니고 있다. 시간을 인지한 인간. 이는 축복이며 동시에 말할 수 없는 저주로 다가온다. 놀이도 그렇지만, 우리의 일상도 시간의 제한 속에 있다. 그 누구도 온종일 일할 수는 없다. 지구의 자전 그리고 태양계의 공전과 함께 모든 인류의 활동은 쉼을 얻을 수밖에 없다. 때론 그 쉼이 이러저러한 정치-경제적 사연으로 억압받고 축소될 수도 있긴 하지만, 온종일 눈을 뜨고 살 수는 없다. 정해진 시간 일하고, 그것이 마무리되면 쉬게 되는 것이 인류의 일상이다. 이 반복되는 시간의 곡예가 인간을 계속 인간답게 만든다. 그래서 인간은 시간을 관리하는 도구를 만들어 낸다. 시계를 만들고, 거기에 알람기능을 추가하여 마치 시간을 정복한 양 거드름을 피며 점점 더 시간의 노예가 되어 간다. 그래서 21세기의 인류에겐 자연스러운 기상은 있을 수 없다. 아침 일찍 이든, 모처럼의 늦잠이든 간에 우리는 정해진 알람에 의해 수동적으로 깨어나는 실존이 되어 버렸다.

　문제는 인간은 이 시간을 '먼저 당겨 인식함'으로써 다른 동물보다 더한 '무료함'과 '심심함'을 느끼게 된다. 바로 그 비어있는 시간을 뭔가로 채워 넣어야 하고, 가급적 시간의 흐름을 느끼지 않기 위해 인간은 또 무엇을 해야 한다. 허공을 응시한 채 그저 멍 때리기로 하루를 보낼 수는 없지 않은가. 그래서 인간은 일하고, 또 일을 하며, 그 사이 또 다른 종류의 '일'(쉼, 놀이)을 한다. 그래야 이 시간을 잊을 수 있고, 시간을 잊어야 나의 존재는 생동감을 유지할 수 있게 된다.

시간을 이기는 놀이

　시간은 인간을 죽음으로 이끄는 저승사자와 같다. 하루를 느끼고, 이틀, 사흘 … 반복되는 시간의 길이를 인지하는 순간 인간은 '존재의 위축'을 경험하게 된다. 그래서 그것을 넘어서기 위해 또 무언가를 한다. 책을 읽고, 영화를 보며, 스포츠를 즐기고, 내기에 몰두한다. 그럼 시간을 넘어서는 '느낌'을 가질 수 있기에! 밤새워 재미있는 소설을 읽었을 때를 생각해보라. 마치 시간여행을 한 것 같은 뿌듯함이 우리를 감싸지 않는가. 끝내주는 영화 한 편을 감상했을 때를 생각해보라. 무엇보다 2시간을 넘어서는 상영 시간이 느껴지지 않았다는 사실에 우리는 감격한다. 그런 점에서 취미는, 놀이는 철저히 '시간을 역행'한다!

취미와 종교의 유사성

하지만 취미와 놀이를 시간을 거스르기 위한 문화적 장치라 해석하는 것만으로는 뭔가 성에 차지 않는다. 그 이상의 설명은 없을까? 이즈음 남아프리카공화국의 종교학자인 치데스터(David Chidester)의 주장에 귀를 기울이지 않을 수 없다. 그는 미국의 대중문화를 종교학적으로 고찰하면서 '촉각'에 집중하며, 더 나아가 대중문화와 종교의 구조적 유사성에 주목하였다. 치데스터는 촉각이 주는 감성의 구조적 특징을 다음과 같이 네 가지, 즉 '묶음'(binding), '불태움'(burning), '움직임'(moving), '다룸'(handling)으로 정리한다. 계속해서 그는 이것들의 의미를 '우리', '열정', '전진', '도전'이라 풀어주고 있다. 즉, 종교나 대중문화나 그것을 향유하는 이들을 하나로 묶어주고, 열정을 다해 그것을 즐기고 몰입하게 해주며, 그로 인해 하나의 목적과 방향을 향해 나아가게 해주고, 끝없이 무언가를 추구하고 도전하게 해주는 성격을 지닌다고 해석하고 있다. 이런 관점에서 그는 현대인이 즐기는 대중문화를 과감히 종교대체물로 해석한다. 그래서 거대한 야구장은 교회(the church of baseball)가 되며, 코카콜라는 신의 위치(the fetish of coca-cola)에 올라가고, 로큰롤 공연은 종교적 축제(the potlatch of rock-and-roll)가 된다. 더 나아가 그는 이러한 대중문화의 종교 대체 성향을 세계적 차원 현상으로 보며 이들에게 과감히 '지구 종교'(global religion)라 부르기까지 한다.

촉각 시대 몸의 종교

물론 치데스터의 해석을 절대시할 필요는 없다. 그리고 대중문화가 꼭 그렇게 종교를 대체할 수 있다는 믿음을 강요받을 이유도 없다. 하지만 그가 강조했던 '촉각'이라는 화두는 우리가 가벼이 넘길 만한 것은 아니다. 촉각은 곧 몸의 논리이다. 하위징아가 놀이를 강조하든, 치데스터가 종교와 대중문화를 촉각으로 엮으려 하든 이들이 지닌 공통점은 바로 몸의 강조에 있다. 어쩌면 이들의 몸에 대한 강조는 종교의 영역에서 저 멀리 물러나 있던 가치 하나를 재발견토록 해주는 기회를 제공해주고 있는 걸지도 모른다.

'종교가 무엇이냐'라는 물음에는 다양한 답변이 가능할 것이다. 심지어 그런 물음 자체를 포기하는 것이 종교현상을 제대로 이해하는 길이라는 주장도 있을 터니 말이다. 그러나 종교에서 무엇보다 중요한 것은 '경험'이라는 말에는 대부분이 동의하고 수긍하는 편이다. 성스러움의 의미를 재발견한 루돌프 오토(Rudolf Otto, 1869~1937)나 종교학을 독립학문으로 우뚝 세우려한 요아힘 바흐(Joachim Wach, 1898~1955), 그리고 종교경험의 다양성을 검증적으로 연구하고자 한 윌리엄 제임스(William James, 1842~1910) 등. 초기 종교연구가의 이야기를 다시 나열하는 것이 불필요할 지경이다. 종교를 종교답게 만드는 것이 '경험'이며, 따라서 종교의 핵심은 바로 '체험'에 있다.

그런데 이 체험은 바로 '몸'이 '하는 것'이다. 물론 이때 몸은 맘이 포함된 총체적 몸이다. 영혼과 육체를 가진 인간은 무언가

경험하고 체험함으로써 종교적 존재로 탄생하는 것이다. 따라서 그가 경험한 것의 내용과 형식이 무엇이든 간에 그것을 받아들이는 주체적 인간은 몸을 지녔음을 부인해서는 안된다.

이성 중심주의에 대한 저항

그런데 우리는 그럼 몸이 폄하되는 시기에 한동안 노출되어 있었다. 이성중심주의가 우위에 서게 됨으로써 우리는 이해하고, 인식하고, 분별하고, 해석해 내는 것이 인간다움의 정수리인 양 착각하고 있었다. 그래서 논리가 앞서고, 설명이 주를 이루고, 분석이 중심을 차지했다. 이런 경향은 종교에서도 크게 다르지 않았다. 종교, 신앙이라고 하는 것도 사실은 몸이 보여주는 반응의 영역 안에 있는 것인데도, 우리는 끊임없이 무언가를 '공부'하고 '연구'하는 것으로 신앙을 '이해'하려 한다. 그리고 그사이 점차 우리는 몸의 이야기와 논리를 받아들이는데 미숙한 존재가 되어 갔다.

점차 촉각은 먼 이야기가 되어갔고, 서서히 종교는 암기의 대상이 되어 버린다. 다시 치테스터의 해석을 인용하자면, 종교는 처음엔 우리를 묶어주고, 불태우고, 움직이게 하고, 끝없이 무언가를 다루게 해주는 것이었는데, 이제 더 이상 우리는 묶어주지도, 불태우지도, 움직이지도, 도전하게도 만들지도 못한다. 물론 어느 정도의 유대감과 조직에 의한 열성과 행위를 유발하긴 하겠지만, 그것은 부득이한 조직 내의 행동에 국한될 뿐, 주체적 개인이 수행하는 '촉각적 반응의 결과'로 활로를 찾는 것은 매우 드문 일이 되어버렸다.

그러니 공동체에 있어도 허전하다. 종교 의례에 몸을 담고 있어도 넋 놓게 된다. 푹신한 의자에 앉아, 고급 사양의 스피커를 통해 쉼 없이 품어져 나오는 언어 물줄기에 맘만 적실 뿐 몸은 좀체 반응하지 않는다. 이처럼 몸의 반응은 의도적으로 제한되고 오직 머리로만 무언가에 집중해야 하는 수동적 종교의식 속에서 우리는 '존재론적 갑갑함'을 느끼게 된다.

종교는 체험을 요청한다

어찌 신앙이라고 하는 것이 인간의 인식행위로만 제한되겠는가. 맘도 몸도 무언가를 느껴야 하지 않겠는가. 그것이 좁디좁은 아우구스티누스 수도원 첨탑의 쪽방에서건(루터), 런던의 한 구석 올더스게이트(Aldersgate)의 집회에서건(웨슬리), 전쟁터의 포로가 되어 절대자를 만나든(몰트만). 또한 전신이 벼락 맞은 듯 찌릿찌릿하건, 가슴이 뭉클하고 심장의 피가 뜨거워지든 간에 뭔가 느낌이 있고, 경험이 있고, 체험이 있어야 하지 않겠는가!

그런데 인지적 작용의 깨달음과 이해만 강요되는 이 현실 앞에 우리 몸이 여전히 가만히 멈춰있다면, 그건 죽은 거나 다름없다! 그러니 사람들은 대안을 찾는다. 종교가 줄 수 있는 것을 유사하게 선사할 수 있는 다른 문화적 대체물을 찾을 수밖에 없는 것이다. 그래야 시간을 넘어설 수 있고, 새로운 문화를 창출하고, 지금의 나에게 새로운 존재 의미를 부여할 수 있는 것이다!

그래서 촉각의 시대에 우리는 몸으로 응답한다. 일상의 감옥에서 탈피하여 맘껏 몸으로 느끼며 '몸이 전하는 복음'에 빠지고 싶어 한다. 그래서 취미생활에 몰두한다. 때론 무언가를 수집하며, 때론 스포츠에 심취하며, 때론 공연장에 오색 찬연한 야광 봉을 흔들며 '맘껏' '몸껏' 촉각의 시대에 적절히 대응한다!

문제는 이런 몸의 반란을 교회는 가벼이 지나치고 있다는 것이다. 먹고 살기에 급급해 이미 충분히 몸을 많이 쓴 상태에서 예배당 문을 열던 시절과 달리, 몸의 열기마저 제대로 발산하지 못하는 일상을 사는 우리에게 여전히 교회는 몸의 촉각에 대한 배려에 인색하다. 촉각에 대한 배려에서 뒤쳐버린 교회는 이제 다양한 경쟁자와 맞서야 할 운명에 처해 있다.

이제 일요일이면 단 한 명의 설교자가 독점하고 있는 '언어의 게토'에서 벗어나 사람들은 스무 명이 넘는 무언의 설교자들이 넓디넓은 그라운드에서 펼치는 다채로운 발의 설교에 귀를 기울인다. 행여 자신이 지지하는 팀이 승리라도 했다 치면, 온 세상을 다 얻은 것 같은 기쁨에 '묶음'과 '불태움' 그리고 '움직임'과 '다룸'을 만끽하게 된다. 머리띠를 두르고 깃발을 흔들며, 목이 터지라고 응원가를 부르며 '값싼 은총'에 몸 둘 바를 모르는 수많은 경기장의 신도들이 보이지 않는가.

인간론적 몸의 신학을 위하여

따라서 이제 교회는 몸에 주목해야 할 것이다. 그리고 신학 역시 몸이 주는 화두에 집중해야 할 것이다. 이미 가톨릭은 요한 바오로 2세 시절부터 '몸의 신학'에 관심을 두고 있다. 물론 가톨릭에서 말하는 몸의 신학은 기초적이라기보다는 '응용적'이다. 교회 내 남녀 관계형성에 대한 관점이 주를 이루고 있으니 말이다. 그렇지만 큰 줄기로 보자면 그리스도교적 입장에서 몸에 초점을 맞추고 있다는 점에서 나름대로 진일보한 자세라고 할 수 있겠다.

그러나 이것만으로도 부족하다. 향후 전개되는 몸의 신학은 윤리적 지침서가 아니라 신학의 기저에 흐르는 인간론적 고찰을 전제로 해야 할 것이다. 한동안 내쳐져 있던 몸을 논의의 중심으로 끌어와야 할 것이며, 아울러 신앙 행위의 핵심으로 몸의 활용을 잊지 말아야 할 것이다. 그래서 그 몸이 주체가 되어 진행되는 취미와 놀이가 지니는 신학적 가치에 대한 재발견도 병행해야 정체기에 빠진 한국교회의 새로운 물꼬가 트일 것이다.

소설과 시를 읽고, 음악을 들으며, 영화를 감상하고, 축구와 농구를 하고, 야구를 즐기며, 서핑에 빠진 신자들을 뭐라 할 것이 아니라, 그들이 몸으로 웅변하는 새로운 신학적 패러다임의 요청에 성실히 응해야 하는 것이 현 한국교회와 신학계의 책무라 할 것이다.

II

4차 산업혁명 시대 교회의 대응 전략

최근 세계를 이끄는 이슈는 '4차 산업혁명'이다. 이 용어는 스위스계 독일인인 클라우스 슈바프가 2016년 세계경제포럼에서 사용함으로써 국제적 명성을 획득하기 시작했다. 하지만 2011년 그보다 5년 앞서 이미 독일에서 이와 유사한 용어로 '인두스트리 4.0'(Industrie4.0)이란 용어를 쓰기 시작하였다. 제조업 강국인 독일이 세계 경제에서 기존의 우월한 지위를 유지하려는 방법으로 정보통신기술(Information and Communications Technologies, ICT)로 개선된 '스마트 공장'을 운영하려는 기획에 이 이름을 붙인 것이다. 이후 4차 산업혁명은 시대를 이끄는 화두가 되었고, 이른바 세계를 선도하는 나라들은 새로운 시대를 준비하며 기존의 경제 우월성을 유지하기 위해 4차 산업혁명에 대한 대비에 온 힘을 다하고 있는 것이 현실이다. 이는 우리나라도 예외는 아니어서 2018년 1월 26일 법령을 제정하여 대통령 직속으로 '4차 산업혁명위원회'[01]를 설치하여 운영하고 있다.

여전히 4차 산업혁명은 논의의 여지가 있으며, 그것의 성격과 실현 가능성 등에 대하여 서로 다른 의견이 분분[02]하기는 하지만, 상당한 속도로 발전하는 인공지능과 빅데이터 기반 산업, 그리고 사물인터넷 활용 등을 통한 초연결사회로의 도약 등이 이미 어느 정도 4차 산업혁명 시대의 모습을 간접적이나마 체험토

---

01) 위원회는 민간위원 18명과 정부위원 6명으로 구성되어 있으며, 홈페이지 주소는 다음과 같다. https://www.4th-ir.go.kr/, 2019.10.18.
02) 예를 들어 로버트 고든 같은 경우는 '4차 산업혁명'이라는 개념은 허구이며 엄밀히 보자면 기존 디지털 산업의 진화에 지나지 않는다고 주장한다. 이에 대해서는 다음 글을 참조하라. 송용섭, "제4차 산업혁명 시대의 융합적 교회 모델", 「대학과 선교」 13(한국대학선교학회, 2018), 13.

록 하고 있다. 연일 미디어에서는 인공지능이 쓴 소설과 음악의
수준이 상당함에 도달했음을 보도하고 있다. 그리고 〈유튜브〉(You-
Tube)를 비롯한 다양한 멀티미디어 공유 플랫폼 서비스에는 이들
인공지능의 결과물이 다수 탑재되어 그 수준을 자랑하고 있다.

　4차 산업혁명 시대에 빼놓을 수 없는 것이 스마트 모바일 기기
이다. 스마트폰이라 불리는 전화 통신과 인터넷 기능이 결합한
이 문명의 기기는 우리나라의 경우 95%나 보급되어 있으며, 이
는 세계 최고 수준이다.[03] 휴대가 가능한 이 스마트 기기는 사
용자가 생산하는 각종 정보를 데이터베이스(DB)로 저장함으로써
향후 효율적인 빅데이터 관리와 활용에도 유용하다. 95%의 사용
자이니 사회 구성원 대부분의 개인 정보와 경제활동의 결과가 고
스란히 통신사와 기기 생산자 서버에 저장되고 있는 셈이다. 현
대인은 스마트폰의 알람기능으로 일어나고, 교통 관련 앱을 통해
각종 운송 서비스를 이용하며, 생활에 필요한 물품을 구매하고
기호적 취미 활동도 스마트폰을 통해 행할 때가 많다. 거기에 은
행 및 각종 공적 업무도 모바일 기기를 통해 처리하는 현실인지
라 우리 사회 빅데이터 축적량과 비율은 세계적으로도 매우 앞서
있는 상황이다. 이런 점에서 한국 사회는 다른 나라보다 4차 산
업혁명 시대에 최적화되어 있다. 초연결과 빅데이터로 대표되는
4차 산업혁명 시대에 우리나라만큼 잘 적응된 나라도 찾기 쉽지
않을 것이다. 그러므로 머지않은 미래에 한국 사회는 세계 여러

---

03) KBS의 보도에 따르면 우리나라에 이어 이스라엘이 88%, 그리고 네덜란드가 87%의 보
급률을 보인다. http://mn.kbs.co.kr/news/view.do?ncd=4135732, 2019.10.18.

나라 가운데 가장 빠르게 4차 산업혁명 시대를 맞이하게 될 것이다. 이 새로운 시대는 과거의 산업혁명 시대보다 질적으로 크게 달라진 환경이 되리라는 것은 짐작하지 않아도 예측 가능한 것이다.

교회는 늘 시대와 함께 존재해왔고, 시대와 사회의 변화와 밀접한 관계를 맺어왔다. 이는 원-그리스도교 공동체부터 시작된 전통이기도 하다. 그들은 자신의 공동체를 하늘과 현실 사이의 존재로 인식하였다.[04] 그러니 다가오는 미래에 대한 한국교회의 준비와 대응도 필수 불가결하다 하지 않을 수 없다. 이 글은 바로 이런 시대 의식에서 출발한다. 대세가 될 '4차 산업혁명 시대에 교회가 어떻게 대응해야 효과적으로 그리스도교의 정체성을 유지하며 제 역할을 할 수 있을 것인가?'가 이 글을 이끄는 문제의식이라 하겠다. 이를 위해 이 글은 다음과 같은 흐름을 따라갈 것이다. 우선 4차 산업혁명 역시 사회 속 변화이므로, 이보다 앞선 1차, 2차, 3차 산업혁명의 역사적 의미와 그에 대한 사회문화적 분석을 시도하고자 한다. 각각의 산업혁명은 어떤 역사-사회적 환경에서 태동하였고, 또 어떤 문화적 변화를 초래했는지를 살피는 것은 4차 산업혁명 시대가 초래할 미래사회의 변화를 가늠해 볼 수 있는 시금석이 될 수 있을 것이다. 그후 4차 산업혁명 시대의 특징과 그것이 가져올 인간-사회적 변화에 대해서 살펴볼 것이다. 4차 산업혁명 시대의 특징을 탐구한 이후 그에 대한

---

04) 박영범, "교회의 삶을 돕는 교회론을 향하여-성서적, 조직 신학적 기초 다지기", 「신학과 선교」 46(서울신학대학교 기독교신학연구소, 2015), 94-95.

미래교회의 대응과 기대되는 역할에 대해 살펴볼 것이다. 이런 일련의 과정을 통해 우리는 4차 산업혁명 시대를 준비하는 한국교회의 다양한 대응 전략을 축적해 나갈 수 있을 것이라 기대한다.

1. 역사적 고찰 : 1, 2, 3차 산업혁명이 가지는 역사 · 문화적 의미

역사학자 에드워드 카(Edward Hallett Carr, 1892~1982)는 역사란 과거와 현재 사이의 '끊임없는 대화'(unending dialogue)라 정의하였다.[05] 사실 카의 말은 19세기 후반 유럽의 지성계를 지배했던 역사 실증주의(positivism)에 대한 비판적 의도를 갖고 행한 것이다. 당시 실증주의자들은 오만한 현대인의 관점으로 과거를 완벽히 이해할 수 있다고 주장했으며, 이에 대해 카는 주관이 배제된 역사 해석이란 있을 수 없다는 뜻으로 저 명제를 설파하였다. 카는 현대인의 독단적 관점으로 과거를 재단해서는 곤란하다고 본 것이다. 이처럼 역사가는 스스로 주관적 관찰자임을 잊어서는 안될 것이다. 그러기에 그는 멈추지 않고 종결되지 않는 대화를 말하고 있다. 이는 과거와 현대의 대화는 과정적이며 종결될 수 없는 성질의 것임을 웅변하는 말이기도 하다. 카의 잠언처럼 우리

---

05) Edward Hallett Carr, *What is history*, 곽복희 역, 『역사란 무엇인가』, (서울: 청년사, 1993), 47.

는 현대와 미래를 보며 끊임없이 과거에서 지혜를 찾을 수밖에 없다. 알지 못하는 미래를 추종적으로 재단하기에 앞서 과거의 흔적을 추적하여 끊임없이 의미를 추구해야 그나마 미래의 윤곽이라도 그려낼 수 있을 것이기 때문이다.

이런 점에서 4차 산업혁명 시대를 이해하기 위해 이전 산업혁명의 과정을 역사적으로 살피는 것은 매우 의미 있는 작업이라 하겠지만, 여기서는 세세한 산업혁명의 역사적 전개 과정을 재론하기보다는 그것이 가지는 역사적 의미를 간략히 규명하는데 집중하도록 하겠다.

내연기관의 등장, 1차 산업혁명

세계사적 사건으로 산업혁명이 각인된 것은 18세기 영국이다. 대략 1760년에서 1820년 사이 유럽의 섬나라에서 커다란 산업적 변화가 생겨났고 그 중심에는 '기계의 등장'이 있었다. 사람의 몇 배, 아니 몇십 배 혹은 몇백 배를 넘어서는 힘과 지구력을 갖춘 강력한 기계의 등장은 그때까지 주로 인간의 근력에 의존하던 산업 구조를 단시간에 뒤흔드는 혁명적 사건이 되었다. 당시 영국은 명예혁명(1688~1689) 이후 자유로운 농민계급이 등장하면서 이들을 중심으로 모직물 공업이 성황을 이루고 있었다. 그러나 당시 영국의 높은 임금은 산업발달에는 지속적인 걸림돌이 되었다.[06) 자유 농민계급의 투입도 몸값의 상승으로 한계에 부딪히게 되었고, 곧 당시 사업가와 연구가들은 당면한 난제 풀기에 골몰할 수밖에 없었다. 그런데 런던에는 높은 임금을 타개할 만한 대체물이 하나 있었는데, 바로 석탄이었다.[07) 당시 영국은 철이나 석탄 같은 풍부한 지하자원을 생산하고 있었고, 따라서 이를 이용해 인간의 노동력을 대신할 수만 있다면 천정부지 치솟는 임금 문제를 충분히 해결할 수 있었다.

이런 역사적 환경 하에 제임스 와트(James Watt, 1736~1819)의 증기기관이 발명되었다. 와트는 수증기를 이용하여 피스톤 운동을 통해 구동력을 얻는 '내연기관'을 발명해 냈다. 최초에는 광산용으로 개발되었던 와트의 증기기관은 곧 제품 생산을 위한 동력기로 개선되어 영국 전역에 퍼져나가기 시작했다. 이를 통해 모직물 생산 공장은 이전보다 효율적으로 가동할 수 있게 되었고, 심지어 인간의 근력을 이용했을 때보다 훨씬 빠르고 저렴하게 제품을 만들어 내기 시작하였다. 공장이 세워지자 인간은 기계를 보조하는 노동자가 되었다. 이는 새로운 일자리 창출 효과를 내어 많은 수의 농업 종사자가 공장 노동자가 되어 도시로 유입되었고 이는 메트로폴리스의 형성을 가져왔다. 이에 따라 도시 노동자들의 여가와 위락을 위한 다양한 대중문화가 생겨나는 등 1차 산업혁명이 인류의 역사에 끼친 영향은 지대하다.

---

06) 주경철, "제4차 산업혁명', 혁명인가 진화인가" 「지식의 지평」 23(대우재단, 2017), 11.
07) 주경철, "제4차 산업혁명', 혁명인가 진화인가", 11.

소품종 대량생산의 시작, 2차 산업혁명

19세기 말에서 20세기 초까지 걸쳐있는 2차 산업혁명 시대의 가장 큰 특징은 동력원으로 전기를 사용한 것과 이를 통해 소품종 대량생산이 가능해졌다는 점이다. 이 시대를 대표하는 표상은 컨베이어로 대표되는 '포드 시스템'(Ford system)이다. 증기 에너지보다 효율적이고 안정적인 전기를 확보함으로써 공장은 컨베이어 벨트로 진행되는 분업화를 이루게 되었고, 이를 통해 적은 품종이긴 하지만 다량의 제품을 이전 시대보다 더 빨리 생산하게 되었다. 분업화와 전기 동력을 통해 이전보다 공장의 시스템은 더 합리적으로 되었고, 이를 통해 산업화의 속도는 더 빨라졌다.

전기를 통한 대량생산의 길로 접어든 인류는 이전에는 경험하지 못한 것들을 맞이하게 된다. 우선 꼽을 수 있는 것이 발터 벤야민(Walter Benjamin, 1892~1940)이 지적한 '아우라의 파괴'이다. 구름, 흐림, 몽롱함 등을 뜻하는 라틴어 님부스(nimbus)에 기원을 둔 이 말은 신적 존재의 뒤에 둥근 형태로 묘사되며 신비한 분위기를 유도하는 것으로 유명하다. 그런데 벤야민은 복제 기술 시대에 이러한 아우라, 즉 유일한 작품으로서 원작의 특권을 누리던 모든 것은 사라져 버린다고 일갈하였다. 대량생산의 시대에 이제 진품이나 원본을 찾는 것은 무의미해졌다는 말이다.[08]

이제 세상의 척도는 인간이 아니다. 동서를 막론하고 인간의

---

08) 진중권, 『미디어 이론』(경산: 열린길, 2016), 26-27.

몸에 기반을 둔 다양한 측량기법[09]도 이제 킬로그램(kg)과 센티미터(cm) 등 이상적으로 표준화된 것이 모범이 되었다. 1차 산업혁명 시대에 인간의 근력을 대신하는 기계가 등장하고, 그것이 가속화된 2차 산업혁명 시대에 점차 인간은 인간 자신이 아니라 생산을 위해 계산되고 합의된 가공의 표준에 자기 몸을 맞추는 신세가 되고 말았다. 이는 사회적으로 개인보다는 표준화된 대중이 더 전면에 나서는 계기가 되었다. 그래서 이제 옷이나 구두는 몸에 맞춰 구매하는 것이 아니라, 표준형으로 생산된 제품에 자기 몸을 맞추는 시대에 살게 된 것이다.

수평적 정보화 시대의 도래, 3차 산업혁명

3차 산업혁명이라는 이름은 미국의 경제학자인 제레미 리프킨 (Jeremy Rifkin, 1945~)이 붙였고 시기적으로는 20세기 후반을 말한다. 3차 산업혁명은 무엇보다 컴퓨터와 인터넷의 등장으로 대표된다. 이들 새로운 문명의 이기는 생산과정의 자동화를 가속했으며 이를 통해 정보화 시대를 앞당기는 역할을 해냈다. 리프킨은 컴퓨터라는 기기 자체보다는 그것을 통한 사회의 변화에 더 주목하였다. 컴퓨터와 인터넷 그리고 재생에너지가 만드는 사

---

09) 인간 신체에 기반한 척도 중에서 대표적인 것이 자이다. 자는 척(尺)이라고도 불리며 손을 펼쳤을 때 엄지에서 가운뎃손가락까지의 길이를 말한다. 대략 30cm 정도의 길이다. 평은 대략 3.3㎡로 장정이 팔과 다리를 벌려 누울 수 있는 정도의 넓이를 말한다. 이렇게 사람의 몸을 측량의 기본으로 삼는 것은 서구전통에서도 나타나는데 대표적으로 피트 (feet)는 성인 남자의 발 크기를 기준으로 한 것이고 대략 30cm 정도이다.

회의 변화는 이전의 수직적 권력 기반을 수평적으로 만들 것이며, 이전보다 '공유'를 강조하는 산업 구조로 재편될 것이라 보았다.[10)

리프킨의 이러한 관점에는 1차, 2차 산업혁명이 가지는 한계와 단점을 넘어서려는 의도도 녹아있다. 1차 산업혁명의 핵심 소재는 석탄이었다. 석탄이 제공하는 열에너지로 압축 증기를 만들어 그것의 에너지를 동력으로 삼은 것이 1차 산업혁명의 핵심기술이었다. 그러나 그 결과 인간은 오염된 대기를 감수해야만 했으며, 공장의 생산환경 역시 썩 인간답지는 않았다. 그런 점에서 2차 산업혁명의 총아인 전기는 석탄의 대체재로서 최선이었다. 석탄이 제공하는 에너지보다 월등히 우월했으며 아울러 작업 환경도 훨씬 청결하고 위생적으로 운영할 수 있었다, 그러나 전기 역시 완벽한 대체재는 아니었다. 전기를 생산하기 위해서는 반복적으로 화석원료를 소비해야만 했으며, 석탄과 석유의 고갈상태로 주기적으로 반복하는 석유파동은 세계 경제의 안정성을 심하게 훼손하였다. 아울러 1차 산업혁명 시대보다 더 광범위하게 일어나고 있는 환경 파괴 역시 3차 산업혁명 시대에서 관리할 대상이었다. 이때 리프킨의 해법은 ICT 기술과 재생에너지의 결합으로 수직적이고 중앙집권적인 산업 구조를 분산형으로 바꾸는 것이었다.[11)

---

10) Jeremy Rifkin, *The Third Industrial Revolution*, 안진환 역,『3차 산업혁명』(서울: 민음사, 2012), 15.

11) Jeremy Rifkin, 안진환 역,『3차 산업혁명』, 58.

리프킨의 진단이 정확했는지 여부는 가까운 미래에 결론이 나겠지만, 3차 산업혁명 시대는 한마디로 온라인이 산업 전반에 영향을 끼치는 시대라 할 수 있다. 모바일, 사물인터넷(IoT), 빅데이터, 클라우드 서비스 등 새로운 시대를 준비하는 기술들이 이미 개발되었고, 또 광범위하게 사용되고 있는 것이 3차 산업혁명 시대이다. 대량생산 시대가 이어지면서 그것을 판매하고 관리하는 주 무대가 인터넷과 온라인인 것이 이 시대의 특징이다. 그래서 생산품마다 시리얼 번호가 포함된 바코드를 달고 있다. 그래서 그 물건의 생산지와 가격 그리고 소재 등을 손쉽게 알 수 있다. 그밖에 생산과 관련된 정보 대부분이 디지털화되면서 빅데이터가 축적되어가고 있다. 그리고 스마트폰으로 대표되는 모바일 기기들이 생산하는 정보들도 거대한 용량을 자랑하는 서버에 차곡차곡 쌓여가고 있는 것이 후기 3차 산업혁명 시대의 특징이다. 그러나 아직 온라인과 오프라인의 장벽이 제거되지는 않고 있다. 거대한 양의 빅데이터를 효율적으로 관리 운영하려면 지금의 제한적 인공지능으로는 한계가 명확하기 때문이다.

2. 4차 산업혁명의 특징

앞서 살펴봤던 리프킨의 진단대로라면 3차 산업혁명과 4차 산업혁명의 차이가 모호하다. 중앙집권적이고 수직적 권력 구조인 1, 2차 산업혁명을 넘어 인터넷 보급과 공유경제 시스템 등으로

3차 산업혁명은 이전과는 분명히 다른 궤적을 보이기 때문이다. 그렇다면 4차 산업혁명은 3차 산업혁명의 연장에 지나지 않는 것인가?

3차 산업혁명과 4차 산업혁명의 차이는 무엇일까? 4차 산업혁명이란 말을 세계적인 화두로 끌어내는데 선구자 역할을 했던 클라우스 슈밥은 그의 기념비적인 책에서 4차 산업혁명을 이끄는 기술을 크게 3가지로 제시하였다. 바로 물리학 기술, 디지털 기술, 생물학 기술이다.[12] 슈밥은 물리학 기술로 자율주행 자동차를 위시한 무인 운송수단과 3D프린팅 기술, 첨단 로봇공학, 그리고 신소재 등을 꼽았다. 4차 산업혁명을 이끌 대표적 디지털 기술로는 사물인터넷과 블록체인 기술 등을 제시하고 있다. 생물학 기술에는 유전공학과 합성생물학 등이 거론되었다. 세계경제포럼의 수장답게 슈밥의 진단은 주로 미래의 경제를 주도할 기술적 부분에 집중해서 4차 산업혁명을 전망하고 있다.

그런데 이런 제시만으로 4차 산업혁명의 차별화를 강조하기는 부족해 보인다. 실제 슈밥이 제시한 기술들은 3차 산업혁명 시대에도 활발하게 개발되어 현장에서 사용되고 있기 때문이다. 자율주행 자동차는 이미 거리 위를 활보하고 있으며, 3D 프린터를 사용하여 주택까지 짓는 것이 지금이지 않은가. 거기에 각종 로봇이 산업현장을 장악하고 있으며 사물인터넷은 많은 가전제품에 도입되어 이제 자유롭게 스마트 기기로 집안의 가전제품을 조

---

12) Klaus Schwab, *The Fourth Industrial Revolution*, 송경진 역, 『제4차 산업혁명』(서울: 새로운현재, 2016), 36-55.

정하는 홈 오토메이션(HA, home automation) 시스템이 구현되고 있지 않은가. 거기에 블록체인(block chain) 기술이 적용된 비트코인 열풍은 여전히 현대 사회 뜨거운 이슈이기도 하다. 배아줄기세포 기술과 다양한 복제 동식물의 등장은 지금 유전공학의 위상이 어느 정도인지 가늠하게 해준다. 이렇게 단순히 슈밥이 제시한 기술적 진보가 4차 산업혁명의 특징이라고 말하기에는 아직은 성급해 보인다. 관점을 바꾸어 단순히 기술적 진보에 초점을 맞추기보다는 그것이 가져다주는 사회와 인식의 변화에 집중하면 어떨까.

먼저 3차 산업혁명은 온라인과 오프라인이 통합되지 않은 상태이고, 온라인상에서 디지털 정보가 지속해서 축적되는 특징을 보인다. 그렇다 보니 온라인상에서 컴퓨터를 통한 데이터 관리에 탁월한 이들이 인정받는 것이 3차 산업혁명 시대라 할 수 있다. 모바일 기기를 포함한 여러 스마트 장치를 통해 막대한 정보가 축적되고, 그렇게 형성된 데이터를 온라인상에서 효과적으로 활용하는 것이 3차 산업혁명의 특징이라 하겠다. 단적인 예가 바코드이다. 컴퓨터가 인식할 수 있는 굵기가 다른 흑백 막대로 이루어진 바코드는 물건 정보의 상당량을 포함하고 있다. 그래서 따로 제조일과 가격을 붙이지 않아도 바코드를 읽을 수 있는 기기만 있으면 생산자가 부여한 정보 대부분을 확인할 수 있다. 게다가 바코드의 운영 비용은 개당 5원 수준으로 생산 단가에 미치는 비중이 미미하다. 그래서 생산과 유통에 바코드는 손쉽게 일반화될 수 있었다.

그러나 바코드의 단점은 정보가 생산자에게로 집중되어 있다는 것이다. 제품의 고유번호와 가격, 생산 일자 등은 대부분 공급자의 영역에 속한다. 그래서 판매가 바코드 역할의 완결이라 할 수 있다. 새로운 정보를 기록할 수 없는 2차원 바코드로는 물건을 구매한 사람의 이력과 이후의 과정을 추적할 길이 막막하다. 그러니 이후 환불이나 교환을 요청할 시는 반드시 영수증과 구매를 확인할 수 있는 증거를 지참해야만 한다. 이렇게 온라인과 오프라인이 어느 정도 분리된 것이 3차 산업혁명 시대의 모습이다.

4차 산업혁명 시대에 이르면 온라인과 오프라인이 하나로 묶이게 된다. 이제 바코드가 아니라 읽고 쓰기가 가능한 전자칩을 장착한 상품들이 진열장에 오르게 되면 지금까지의 모습과는 전혀 다른 그림이 펼쳐지게 된다. 이를 현실에 구현한 것이 글로벌 전자 상업회사인 아마존에서 시작한 〈아마존 고〉(amazon go)다. 아마존 고는 인공지능, 빅데이터 활용, 컴퓨터 비전 등 최근까지 모든 ICT 관련 기술을 집약해 만든 완전 무인 상점이다.[13] 물론 아마존 고 이전에도 무인 상점이 없지는 않았다. 주로 일본에서 자판기 위주로 구성되어 판매원이 필요 없는 상점을 선보인 것은 어느 정도 된 일이기도 하다. 하지만 아마존 고의 개념은 그런 자판기 위주의 상점과는 판이하다. 판매원이 없다는 것이 같긴 하지만, 다른 무인 상점과는 달리 아마존 고에서는 물건을 계

---

13) '아마존 고'에 대한 자세한 내용은 다음 기사를 참조하라. https://it.donga.com/27323/, 2019.10.21.

산하는 행위 자체가 필요 없다. 말 그대로 상점에 들어와 맘에 드는 물건을 골라 나가면 그만이다. 이런 쇼핑 행위에 필요한 전제 조건은 사전에 아마존의 회원으로 등록하는 것과 상점에 들어서면서 QR코드로 구매자가 누구인지만 인증하면 된다. 그 이후 모든 것이 자유롭다. 소비자의 구매 행위는 천정에 달린 무인 카메라와 상품에 삽입된 전자칩에 의해 관리된다. 거침없이 손님은 물건을 쇼핑백에 담고 가게 문을 나서면 된다. 아무도 제지하지 않고 어떤 금전 거래도 발생하지 않는다. 손님의 구매금액은 이후 아마존 계정을 통해 청구되며 온라인 DB에 기록으로 남길 뿐이다. 이렇게 4차 산업혁명 시대에는 온라인과 오프라인을 하나로 통합하여 운영할 수 있는 길이 열리게 된다. 그래서 생활세계 속 더욱 자유로운 개인을 만날 수 있게 된다.

지금보다 인공지능과 빅데이터 활용기법이 더 발전하게 되면, 상점 자체가 의미가 없을 수도 있다. 가정마다 홈오토메이션 시스템을 구축할 것이며, 이는 사물인터넷이 적용된 전자 기기 대부분과 연동될 것이다. 거기에 '인공지능 비서'[14]들이 거실 중앙에 위치할 것이며, 그들은 사물인터넷을 통해 집안의 소비재의 추이를 자세히 검토할 것이다. 이제 소비자는 스스로 상품을 구매하지 않고 인공지능이 알려주는 상품의 구매 시기를 결정만 해주면 된다. 인공지능은 화장실의 휴지가 언제쯤 동이 날지 사전

---

14) 이미 이러한 기능을 갖춘 인공지능 스피커는 시중에서 판매되고 있다. 구글의 '구글 홈'을 위시하여 국내 회사 제품으로는 SK텔레콤의 '누구', KT의 '기가 지니', LG의 '엑스붐, 그리고 가온미디어의 '카카오 미니' 등이 여기에 속한다.

에 알려줄 것이다. 냉장고에 버터가 날짜가 지났음을 집주인에게 환기해줄 것이다. 사용자가 원한다면 곧바로 필요한 만큼의 상품을 온라인을 통해 구매할 것이며 비용 역시 자동으로 구매자의 계정에서 처리될 것이다.

여기에 더해 3D 프린터의 보급은 미래의 생활을 완벽히 바꿔놓을 것이다.[15] 3D 프린터야말로 4차 산업혁명 시대의 꽃이라 할 수 있다. 이 미래형 기기는 온라인과 오프라인의 완벽한 다리가 될 것이다. 비트의 구상을 원자로 구현할 수 있는 문이 바로 이 3D 프린터이기 때문이다. 3차 산업혁명 시대의 한계는 온라인과 오프라인, 즉 비트와 원자의 일치를 이루지 못한 것에 있다. 현실에서 이를 구현할 방법이 3차 산업혁명 시대에는 발달하지 않았기 때문이다. 그래서 가상적 온라인은 온라인에만 머물렀고, 오프라인은 오프라인대로 자신의 존재성을 유지할 수 있었다. 그러나 3D 프린터가 있는 4차 산업혁명 시대는 다르다. 왜냐하면, 3D 프린터는 온라인상의 구상을 그대로 오프라인에서 실현하는 도구이기 때문이다. 컴퓨터 화면에 있는 것이 그대로 현실 속 제품이 되게 한 것이 이 3D 프린터이다. 게다가 이 프린터의 용도는 무궁무진하다. 2차원에만 머물렀던 컴퓨터 프린팅 기술에 입체적 구현이 가능해지면서 소재만 바꾸면 거의 모든 제품을 만들어 낼 수 있게 된다.

---

15) 3D 프린터의 다양한 활용범위에 대해서는 다음 링크를 참조하라. IT/테크 핫 뉴스, 피규어부터 멋진 건물까지, 3D 프린터로 어디까지 만들 수 있을까? https://m.post.naver.com/viewer/postView.nhn?volumeNo=4385930&memberNo=15460786&-searchRank=22, 2019.10.20.

3D 프린터는 기존 제조업의 환경을 완벽히 탈바꿈시킬 것이다. 앞서도 살폈듯이 2차 산업혁명 이후 인류는 소품종 대량생산의 시대를 맞이하게 되었다. 의복의 예를 들면, 제조사는 통계로 얻은 구매자의 표준체형을 정한 뒤 적당한 치수대로 다량의 생산품을 만들어 내면 된다. 소품종 대량생산 시대에는 기존 맞춤형 제품 시대보다 상품의 단가가 하락하게 되고, 이는 소비자의 구매 의욕을 자극하고 더 많은 상품을 팔 수 있는 계기도 된다. 이는 제조사나 소비자 모두에게 어느 정도 이로운 환경이다. 제조사는 고민하지 않고 정해진 몇몇 표본대로 다량의 상품을 생산하면 되고, 소비자는 이전과는 비교할 수 없을 정도로 저렴해진 상품을 구매할 수 있기 때문이다. 남은 일은 기존 제품을 구매자의 구미에 맞게 최적화만 하면 될 뿐이다. 그런데 문제는 여기서 또 소비행위가 발생한다. 돈을 주고 사들인 물건인데, 그것을 다시 자기 몸에 맞추기 위해서는 어느 정도의 비용을 또 내야 한다. 어쩌면 이중으로 비용을 내는 경우다. 옷을 사고, 기장과 밑단을 내 몸에 맞추기 위해 또 비용을 내는 이중 소비행태는 소비자로서는 불공평하다고 할 수 있다. 이전에는 장인의 손을 거쳐 내 몸에 딱 맞는 제품을 구매할 수 있었다. 개인의 소비라는 측면에서 보자면, 산업혁명 이전의 사람들이 훨씬 더 인간적 대우를 받으며 살았다고 할 것이다.

그런데 3D 프린터의 등장은 이런 구도를 완전히 바꾸어 버릴 수 있다. 일단 제조사는 소비자들이 좋아할 만한 디자인만 구현해 놓으면 된다. 그다음은 온전히 소비자의 몫이다. 역시 의복을 예로 들자면, 소비자는 제조사가 제공한 디자인 중 맘에 드는 것을 하나 고른 뒤 자신의 신체 치수를 적어넣을 것이다. 그러면 화면상 자신의 몸을 닮은 아바타가 등장하고 가상이긴 하지만 옷을 직접 입어보기도 할 것이다. 이후 색상을 고르고, 특별히 추가하거나 변경하고 싶은 형태를 옵션으로 지정한 뒤 출력을 누르면 자신의 몸에 최적화된, 마치 산업혁명 시대 이전 장인의 손을 거쳐 나온 제품 같은 완성품을 그 자리에서 받아들 수 있을 것이다. 소비자가 제대로 인정받고 대접받는 세상이 온 것이다.

이러한 4차 산업혁명 시대의 변화는 현대인의 극단적 개인화를 가져올 것이다. 최근 논쟁거리가 되는 블록체인과 분산원장 기술도 이런 개인화에 한몫할 것이다. 블록체인은 2008년 사토시 나카모토(Satoshi Nakamoto)라는 가명의 기술자(혹은 기술자들)가 어떤 해킹에도 뚫리지 않는 분산원장 기술 관련 논문[16]을 공개함으로써 세상에 알려졌다. 블록체인 기술이란 신뢰가 담보되기 어려운 개인 간의 거래를 안전하게 만드는 역할을 하기에 충분하다. 블록체인 기술 이전에 개인 간의 거래에 안정성이 보장되려면 정부 같은 기관의 개입이 꼭 필요했다. 정부는 개입과 간섭을 통해 개인 간의 거래를 보장하며 그 대가로 수수료를 챙겼다. 개인으로서는 불필요한 지출이다. 흔히들 온라인상에서 이루어지는 중고물품의 직거래 같은 경우 정부의 간섭이 없어도 안전한 매매행위가 이루어진다. 서로 인격체로 오프라인의 만남을 통해 거래가

---

16) 9쪽짜리 논문은 "Bitcoin: A Peer-to-Peer Electronic Cash System"으로 인터넷상에 공개되어 있다. 파일은 https://bitcoin.org/bitcoin.pdf에서 자유롭게 내려받을 수 있다.

이루어지기 때문이다. 온라인상에서 익명으로 이뤄지는 거래도 어떻게 안전성을 확보할 수 있을지를 사토시 나카모토는 분산원장기술로 해결하려 하였다. 거래나 정보가 공유되는 모든 행위에 원장을 시스템상에 접속한 모든 사용자에게 복사해서 암호로 보관하도록 하는 것이 이 기술의 핵심이다. 추가적 비용지출 없이 거래행위 당사자는 거래행위의 과정을 모든 사용자가 공유하는 안전망을 보장받게 되는 것이다. 이런 구도 하에서 중앙신뢰 기관의 간섭은 극도로 축소된다.[17)]

확장일로에 있는 사물인터넷도 미래사회를 변화케 하는 핵심 요소가 될 것이다. 사물인터넷의 범위는 점점 확장될 것이다. 단지 디지털 기기에만 한정되지 않고 발달한 회로집적 기술은 의복, 주택, 자동차와 같은 운송 수단, 신발, 좌변기, 욕조, 칫솔 등 인류가 사용하는 대부분의 기기에 적용될 것이다. 이제 심박수와 체온을 검사하는 의복이 생길 것이며, 좌변기는 사용자의 건강을 확인하는 의료기기가 될 것이다. 욕조와 칫솔도 본래의 기능에 더해 사용자의 신체 변화와 현 상태를 주치의에게 전달해주는 게이트 역할을 하게 될 것이다. 그렇게 해서 하루에도 엄청난 양의 데이터가 유무선의 네트워크망을 통해 거대한 서버의 바다로 흘러 들어갈 것이다.

이제 남은 일은 이러한 막대한 양의 데이터를 효율적으로 관리하는 주체를 찾는 일이다. 어쩌면 이 문제는 인간의 지능 한계를

17) Klaus Schwab, *Shaping The Fourth Industrial Revolution*, 김민주 & 이엽 역, 『더 넥스트』 (서울: 새로운현재, 2018), 128.

뛰어넘는 범용 인공지능, 즉 AGI[18] 등장으로 해결될 수도 있을 것이다. 인공지능 연구가들은 앞으로 짧게 잡으면 20년에서 길게 보면 100년 안에 A.I.가 인간 수준으로 성장하는 특이점(singularity)에 도달하리라 전망한다.[19] 물론 이런 유의 특이점은 절대 오지 않을 것이라 보는 연구가들도 없지는 않다. 그러나 나날이 빨라지는 연산장치와 '머신러닝'(machine learning)과 '딥러닝'(deep learning)으로 대표되는 자율적 기계학습의 위력은 2016년 3월 9일~15일에 펼쳐진 기념비적인 알파고와 이세돌의 바둑 대결에서 이미 확인된 바 있지 않은가. 이런 기술의 진척을 생각할 때 AGI의 등장할 수 없다고 말하기도 쉽지 않은 환경이다.

이렇게 사물인터넷, 3D 프린터, 블록체인, 인공지능 등이 이끄는 4차 산업혁명 시대 인간은 어떤 존재로 살아갈까? 사람과 사람이, 사람과 사물이, 그리고 사물과 사물이 네트워크망으로 관계하는 초연결 시대에 어쩌면 인간은 더 없이 극단적 개인화의 길을 맞이할 가능성이 크다. 생산품에 자기 몸을 맞추던 시절에서 모든 제품을 자신에게 최적화할 수 있는 경험이 개인화의 길을 앞당기게 할 것이다. 거기에 더해 인공지능의 발달 속도는 이제 인간의 이성의 충분한 대체재로 인정받게 될 것이다. 그런 점에서 1, 2차 산업혁명의 기조가 인간의 근력을 기계로 대체하는 것이었다면, 4차 산업혁명은 인간의 뇌를 대신할 인공지능을 확

---

18) 인공 일반 지능(Artificial general intelligence)으로 인간 수준의 범용인공지능을 말한다. 혹자는 이를 '강한 AI'라고도 표현한다. 이에 대해서는 다음 글을 참조하라. *Max Tegmark*, *Life 3.0*, 백우진 역, 『라이프 3.0』 (서울: 도서출판 동아시아, 2017), 78.
19) Max Tegmark, 백우진 역, 『라이프 3.0』, 54.

보하는 것이라 하겠다. 이는 인간 사회의 가치판단에도 적지 않은 변화를 가져올 것이다.[20] 기계가 인간의 근육을 대신한 이후, 인간은 몸보다 머리를 활용하는 이를 더 우대하였다. 논리적이고 이성적인, 그래서 정보를 능숙히 활용하고 체계적으로 정리하여 운영하는 이들의 사회적 평가가 높았다. 이른바 급여가 좋은 전문 직종은 대부분 이런 이성적이고 논리적인 영역에 속한 경우가 많았다. 그런데 범용 인공지능의 등장은 지금까지의 판단을 바꾸는 계기가 될 것이다. 아이러니하게도 1차 산업혁명의 배경에는 당시 값비싼 영국의 임금을 해결하려는 의도가 있었던 것처럼, 4차 산업혁명 시대 역시 전문 직종의 높은 급여가 인공지능의 개발을 앞당기는 사회적 동인이 되고 있다고 볼 수 있다.

이렇게 기술과 사회는 매우 가까이 붙어있으며, 서로 긴밀한 영향을 주고받는다. 4차 산업혁명 역시 시대의 산물이며, 기술의 변화는 인간 생활과 가치관에도 영향을 주지 않을 수 없다. 지금까지 살펴본 바에 따르면, 향후 전개될 미래사회 기술 발달의 방향을 전망한다면 4차 산업혁명 시대의 특징은 다음과 같이 정리할 수 있을 것이다.

초연결–극단적 개인화–탈이성중심주의!

---

20) 주경철, "제4차 산업혁명', 혁명인가 진화인가", 14.

3. 미래교회의 역할과 기대

4차 산업혁명 시대가 가져올 시대와 가치관 그리고 인간 이해의 변화에 교회는 어떻게 준비하고 또 대응해야 하나? "교회는 그리스도의 몸이며 따라서 그리스도와 하나이고, 하나님의 백성으로 그리스도를 향해 가고 있는 존재"[21]이다. 슐라이어마허 (Friedrich Daniel Ernst Schleiermacher, 1768~1834)는 이를 "교회는 거듭난 개인이 질서에 따라 서로 영향을 주고받고 함께 활동하기 위해 모임으로써 형성된다"[22]고 표현한다. 또한 교회는 세상과 동떨어져 존재하는 고립된 존재가 아니라 세상 한복판에서 그리스도를 주라 고백한 형제와 자매의 공동체다.[23] 그렇게 교회는 세상을 외면할 수 없다. 세태의 변화를 주시하고 그에 적절히 대응할 수 있어야 한다.

앞서 살폈듯이 다가올 미래사회는 초연결 시대로서 극단적 개인화와 탈이성중심주의적 성향이 강하게 드러날 가능성이 크다. 어쩌면 이러한 4차 산업혁명 시대가 가져온 변화는 지금껏 진행되던 교회의 신앙 행위를 근본적으로 되돌아볼 기회를 제공할 수도 있다. 신앙이란 무엇인가? 마르틴 부버(Martin Buber, 1878~1965)의 지적처럼, 그것은 신과 개인의 관계에 귀속되며, 구

---

21) Horst Gerog Pöhlmann, *Abriss der Dogmatik*, 이신건 역, 『교의학』(서울: 신앙과지성과, 2012), 483.

22) F.Schleiermacher, *Der Christliche Glaube*,(1821), 6.*Aufl.*, 1884, *II*, 227.(115) *Horst Gerog Pöhlmann*, 이신건 역, 『교의학』, 454에서 재인용.

23) 이신건, 『조직신학입문』(서울: 신앙과지성사, 2014), 265.

체적 생활 속에서 하나님이 "영원한 너"(das ewige Du)로 경험될 때 형성된다.[24] 이는 이성의 영역이라기보다는 체험에 속한다고 할 수 있다. 생활세계 속에서 신존재가 유의미해지기 위해서는 그의 현전을 지금, 여기에서 체험해야만 하기 때문이다. 따라서 신앙이란 인간의 정신과 육체, 즉 맘과 몸이 결합한 통합적이고도 전인적인 반응이라 할 수 있다.

체험은 몸을 떼어놓고는 이야기할 수 없다. 그런데 계몽주의 시대 이후 이성이 세계의 유일한 해석자로 평가를 받기 시작하면서 몸과 체험의 영역은 신앙의 영역에서도 홀대받기 시작했다. 이성 중심주의적 관점이 인류의 역사를 지배하면서 신앙마저도 암기하고, 분석하고, 이해하고, 설명하는 것으로 평가되었다. 교회에서의 신앙생활 역시 이처럼 이성 중심의 영역에서 크게 벗어나지 못하고 있다. 그래서 입교하게 되면 신앙교육이란 이름으로 교리를 가르치며, 성서의 구절을 암송하게 하며, 예배마저 많은 시간을 설교에 할당하며 이성을 토대로 한 논리적 신앙생활에 집중하게 만든다. 부버가 말한 하나님이 '영원한 너'가 되는 체험은 좀체 찾아보기 힘든 것이 지금 교회의 신앙교육 과정이다. 물론 관상기도[25]를 포함한 최근의 몇몇 관련된 움직임이 아예 없지는 않으나, 신자의 생활세계에서 신을 전인적으로 만나는 것을 강조하는 소리가 강하지 않는 것 또한 사실이다.

---

24) Martin Buber, *Ich und Du* (*Stuttgart: Philipp Reclam*, 1995), 76.
25) 개신교의 관상기도에 관한 설명은 다음을 참조하라. 전성용, "영성이란 무엇인가?-성령론적 영성신학 서설"「신학과 선교」44(서울신학대학교 기독교신학연구소, 2014), 35-36.

4차 산업혁명 시대 이전, 인간의 논리적 사고와 능력이 높게 평가받던 시기에는 이런 이성적이고 지성적인 신앙생활과 지도가 큰 거부감이 없었다. 세상이 그런 잣대와 기준으로 움직이고 있으니, 교회도 논리와 이성을 강조한다고 큰 문제가 생기는 것은 아니었다. 그러나 인공지능의 등장이 지금까지 데이터 관리 능력을 우대하던 사회적 분위기와 인간의 가치척도를 바꾸게 된다면 상황은 급변할 것이다. 인공지능의 등장으로 인간은 오래도록 유지해오던 이성 중심적 세계에서 탈피할 기회를 얻게 될 것이다. 이제 더는 무엇을 암기하고, 분석하고, 계산하고, 정리하는 일에 치우칠 필요가 없게 된 것이다. 데이터와 관계된 일은 인간이 인공지능을 따라갈 수 없을 뿐만 아니라, 가까운 미래에 등장할 수도 있는 범용 인공지능(AGI)은 인간의 능력을 뛰어넘는 찬란한 성과를 내어놓을 것이다. 이런 환경에 인간이 선택할 길은 이전보다 더 몸에 집중하게 될 가능성이 크다.

물론 4차 산업혁명은 인간을 더욱 파편화, 기호화 그리고 소외시키는 방향으로 내몰 수도 있을 것이다.[26] 그러나 그것이 꼭 교회에 부정적인 것만은 아니다. 교회는 신앙 안에서 공동체적인 교제를 나누는 곳이며, 그 전제에는 하나님 체험이 자리한다. 따라서 극단적 개인화를 경험한 4차 산업혁명 시대의 인류는 파편이 되고, 기호로 추락한 인간의 가치를 회복하려는 반작용이 있게 될 것이며, 그때 교회는 적절한 대안이 될 것이다. 왜냐하면

---

26) 김성원, "제4차 산업혁명과 교회론의 방향", 「영산신학저널」 42 (한세대학교 영산신학연구소, 2017), 205.

종교와 신앙은 본질에서 체험 지향적이고 공동체적인 성격을 지니고 있기 때문이다. 그래서 신앙에 속한 이들은 서로 묶고, 열정을 공유하고, 적극적으로 움직이며, 최선을 다해 무언가를 다루게 된다.[27] 치데스터는 이를 촉각으로 설명한다. 촉각은 몸의 영역에 속한다. 신앙이란 이성적 작업에 한정되는 것이 아니라, 몸에 속한 전인적 활동임을 치데스터의 주장을 통해서도 확인할 수 있다.[28]

이처럼 신앙을 인간의 인지 행위로만 제한할 수 없다. 느낌과 체험이 빠진 신앙은 공허하다 하지 않을 수 없다. 개인마다 어느 정도 차이는 있지만 대부분 신앙의 선도자들은 체험을 그들 신앙의 핵심으로 삼고 있지 않은가. 아우구스티누스가 그랬고, 루터와 칼뱅이 그랬다. 18세기의 웨슬리의 회심 체험도 여기에 속한다. 교회가 이처럼 생동적 체험을 더는 줄 수 없다면 4차 산업혁명 시대 인류의 선택에서 배제될 수밖에 없을 것이다. 가상현실, 증강현실 등 새로운 기술은 인간에게 더 생생한 간접 체험을 제공하며 영화관 역시 4D, 5D로 탈바꿈하여 입체적 경험을 관객에게 제공하는데, 정작 교회는 기존의 논리-이성적 방법에만 머물러 있다면 그 결론은 자명할 것이다. 촉각이 중심을 이루는 4

---

27) 종교학자 체데스터는 종교와 대중문화의 유사점이 촉각 지향적이라는 것에서 찾고 있으며, 그것의 속성으로 '묶음'(binding), '불태움'(burning), '움직임'(moving), '다룸'(handling)을 제시한다. 이에 대해서는 다음을 참조하라. *David Chidester, Authentic Fakes: Religion and American Popular Culture* (Berkeley & L.A.: University of Califonia Press, 2005), 89-90. 치데스터에 대해서는 그의 이론을 사이버 종교공동체 분석에 활용한 다음 글도 참조하라. 이길용, "사이버공간과 종교공동체", 「신학과 선교」, 54(서울신학대학교 기독교신학연구소, 2018), 91-92.

28) 이길용, "사이버공간과 종교공동체", 92.

차 산업혁명 시대의 화두는 따라서 '몸'이다. 지루하고 반복적인 일상을 벗어나 사람들은 '몸으로 느끼며 전하는 복음'을 갈망하게 될 것이다.

이제 교회의 과제는 논리-이성적 가치관 때문에 주변부로 밀려난 체험을 신앙생활의 중심에 오도록 해야 하며, 암기의 대상이 되어 버린 신앙교육에 활기를 불어넣어야 할 것이다. 이에 대해 김성원은 "인격적으로 교제하는 교회, 말씀과 조명(炤命)을 가르치는 교회, 섬김의 소명을 발견하도록 돕는 교회 그리고 참된 만족과 평화를 가르치며 예수 그리스도의 재림을 대망하는 종말론적 교회로 가야 한다"라고 주장한다.[29] 아울러 구체적 실행방안의 하나로 소그룹 활동을 제안한다.[30] 대형집회보다는 소그룹모임이 더 인격적 교제에 도움이 되기 때문이다.

그러나 단순히 교제의 형식이나 모임의 형태에만 연연해서는 안된다. 더 근본적인 변화가 미래의 교회에 요청될 것이다. 4차 산업혁명 시대에 교회는 무엇보다 몸에 주목해야 한다. 인간의 몸에 대한 신학적 반성은 가톨릭에서 먼저 나오긴 했다. 요한 바오로 2세의 '몸의 신학'이 그것이다.[31] 그러나 가톨릭의 몸의 신학은 부부를 중심으로 그리스도교 신앙 가운데 남자와 여자 사이의 올바른 관계 맺기에 집중되어 있기에 실천 지향적 특성을

---

29) 김성원의 주장은 다음을 참조하라. 김성원, "제4차 산업혁명과 교회론의 방향", 201-222.

30) 김성원, "제4차 산업혁명과 교회론의 방향", 205.

31) 이에 관해서는 다음 책을 참조하라. Michael Waldstein, *John Paul Ⅱ Man and Woman He Created Them: A Theology of the Body*, 이병호 역, 『몸의 신학 입문』(서울: 가톨릭대학교출판부, 2010)

보인다. 그러나 4차 산업혁명 시대의 자극으로 재구성되는 몸의 강조는 신앙의 체험적 요소를 강조함으로써 신학과 교회의 가치 판단과 그 기준을 전변하는 근본적 변화를 요청한다.

이런 점에서 4차 산업혁명 시대는 교회로서는 새로운 기회이기도 하다. 계몽주의 시대 이후 이성 중심적으로 흘러왔던 신앙 행위를 다시 하나님 체험이라는 본질로 되돌릴 수 있는 계기로 활용할 수 있기 때문이다. 인공지능이 인간의 뇌를 대체하기 시작하면서 이성과 논리 중심적 가치관도 이전의 영향력을 계속 유지하기 곤란해질 것이다. 그것이 도리어 인간에게 체험의 가치를 재평가하는 기회가 될 것이다. 이는 교회의 영역에서도 그대로 이어질 가능성이 크다. 그렇다면 미래교회는 더욱 몸의 반응을 이끄는 전인적 신앙생활에 대해 초점을 맞춰야 할 것이다. 예배 역시 기존 설교 중심에서 예전 강화로 방향을 잡아야 할 것이다. 예배는 하나님의 자기 주심(God's self-giving)에 대한 인간의 응답이다.[32] 이처럼 예배의 기저에는 체험이 자리하고 있기에, 더욱 몸의 참여가 요구되는 방식으로 예배의 형식과 구조도 바뀌어야 할 것이다. 신앙교육 역시 교리나 성서 암기 등과 같은 형태에서 체험과 고백 그리고 낭송 등 몸의 참여를 강조하는 방향으로 나가야 할 것이다. 예배와 신앙생활에서 인지적 활동만 강조되던 것에서 전인적으로 반응하며 신의 현전과 임재를 체험하는 쪽으로 나갈 때, 초연결-극단적 개인화-탈이성중심주의적이라는 4차

---

32) 김형락, "예배 전쟁을 넘어 존 웨슬리의 예전적 예배를 향하여", 「신학과 선교」 45(서울 신학대학교출판부, 2014), 222.

산업혁명 시대의 특성은 미래교회에 새로운 본질찾기 운동의 신선한 자극제가 될 것이다.

4. 나가는 글

산업혁명은 기술의 혁신으로 촉발되었지만 결국 인간 사회 전반에 큰 변화를 가져왔다. 인간의 근력을 기계로 대체한 1차 산업혁명은 농부를 도시 노동자로 만들었고, 그 결과 대도시와 이를 기반으로 한 대중문화가 등장하게 되었다. 전기를 사용하여 증기기관보다 훨씬 안정적이고 효율적인 에너지원을 확보한 2차 산업혁명은 소품종 대량생산의 시대를 열었다. 컴퓨터와 인터넷으로 대표되는 3차 산업혁명은 수평적 정보화 시대를 받아들이면서 4차 산업혁명 시대를 준비하게 되었다. 이제 다가올 4차 산업혁명 시대는 3차 산업혁명 시대에 등장한 기술이 가속적으로 발전하면서 이전과는 전혀 다른 환경이 펼쳐질 것이다. 인공지능, 사물인터넷, 빅데이터, 3D 프린터, 블록체인 등은 3차 산업혁명 시대에 싹트기 시작한 수평적 정보 공유를 더 가속할 것이다. 또한, 인간 수준의 범용 인공지능 등장은 근력을 넘어 인간의 두뇌까지 대체 대상으로 만들어 버릴 것이다. 이는 계몽주의 이래 인간의 인지능력에 치중했던 가치 평가를 바꾸어버리는 결정적 계기가 될 것이다. 인간보다 더 빠르게 암기하고, 정리하고, 이해하고 파악하여 사안과 개념을 재구성할 수 있는 범용 인공지능은 고용 비용이 높은 전문적 일자리를 대체해갈 것이다. 그리고 소품종 대량생산을 넘어 3D 프린터로 개인에게 특화된 제품을 구매하거나 이용할 수 있는 4차 산업혁명 시대에는 이전과는 비교할 수 없을 정도로 개인화의 속도가 빨라질 것이다.

이렇게 개인화되고 탈이성중심주의화된 시대에 교회의 역할은 이전에는 간과했던 몸의 강조로부터 시작될 수 있을 것이다. 설교의 비중이 높은 예배는 공중의 참여를 독려하는 전례로 그 기능이 강화되어야 할 것이다. 개인의 역량에 기대어 논리적으로 전개되는 설교나 강해보다는 청중의 적극적 참여로 이루어지는 낭송 시간이 더 늘어나야 할 것이다. 이런 시도는 전인적으로 하나님을 체험하고 고백하는 기회를 제공하게 할 것이고, 그런 점에서 4차 산업혁명 시대는 교회가 신앙의 본질을 되새겨 통합적이고 전인적인 신앙생활로 방향 전환할 좋은 기회가 될 수도 있을 것이다.

III

사이버공간과 종교공동체

이 글의 목적은 4차 산업혁명으로 대표되는 현대 초연결 시대에 새로운 교회 모델의 가능성을 모색하는 데 있다. 유발 하라리는 그의 책 『호모 데우스』에서 현대 인간은 과거와 비교하면 신적 존재에 가깝다고 주장하고 있다. 이를 위해 그는 고대 그리스-로마의 신화 속 신의 모습을 근거로 제시한다. 신화 속 신은 새로운 생명체를 생성하고, 제 모습을 자유자재로 바꾸고, 기후를 조작할 뿐만 아니라 순식간에 멀고 먼 거리를 이동하고, 구강 근육을 사용하지 않고도 원거리 통신이 가능하며, 게다가 질병에도 문제가 없어 쉽게 죽지 않는 존재이다.[01] 하라리가 보기에 현대인은 고대 신화 속 신의 경지는 어느 정도 도달했다는 것이다. 이미 우리는 생명공학은 생명체를 설계하여 어느 정도 원하는 결과물을 얻을 수 있는 수준에는 도달하지 않았나. 거기에 뛰어난 성형 기술은 신들의 변신 능력에 비길 정도이고, 지금의 기상과학으로도 어느 정도 기후 변화를 인위적으로 조작할 수 있지 않은가. 거기에 초고속 열차와 비행선은 인간의 이동 속도를 신의 경지에 다다르게 했다 할 수 있다. 지금도 이 정도인데 앞으로 10년 후, 20년 후, 심지어 50년 후의 미래는 어떠할 것인가? 하라리의 예언은 여기에 멈추지 않고 더 나아가 책 뒷부분에 이르러서는 새로운 종교의 등장을 알리고 있다. 바로 "데이터교"이다.

데이터교는 우주의 핵심을 '데이터의 흐름'에서 찾는다.[02] 생

---

01) Yuval Noah Harari, *Homo Deus: A Brief History of Tomorrow*, 김명주 역, 『호모 데우스』(파주: 김영사, 2017), 75.
02) Yuval Noah Harari, 『호모 데우스』, 김명주 역, 503.

명과학과 컴퓨터공학의 결합으로 태동한 데이터교는 결국 생명체와 정보의 취급방식이 '알고리즘'[03](algorithm)이라는 점에서 별 차이가 없다고 주장한다.[04] 이러한 주장은 사이버네틱스[05](cybernetics)에서도 그대로 이어진다. 사이버네틱스는 정보의 교환과 제어에 관한 새로운 관점을 제공한다. 사이버네틱스에서는 정보를 교환하는 소통과 그것을 제어하는 방식에서 인간과 동물, 기계가 원리적으로 다르지 않다는 혁명적인 선언을 하기에 이른다. 사이버네틱스에서 바라본 정보는 반-엔트로피의 선봉에 서있다. 엔트로피는 질서에서 무질서로 흐르는 우주의 보편적 법칙이다. 그런데 생명체나 무기물 모두 외부의 환경에 정보로 대응하며 자신의 조직체를 유지하려는 경향을 지니고 있다. 바로 이렇게 무질서화에 대한 저항이라는 점에서 생명체와 기계는 다르지 않다. 그러니 생명체의 신경계와 기계의 제어시스템은 다르지 않다. 이 둘의 작동방식은 원리적으로 하나라는 믿음이 바로 사이버네틱스의 전제가 된다. 결국 이러한 전제는 자율학습이 가능한 인공지능의 탄생으로 꽃을 피웠다.

이와 같은 맥락에서 하라리는 데이터교의 등장을 예고한다. 유기체의 생화학적 알고리즘에서 전자적 알고리즘의 모범을 찾은

---

03) 문제를 해결하기 위한 절차나 과정, 방법을 말한다. 보통 프로그램 제작은 알고리즘을 작성함으로써 시작된다. 과제를 풀기 위해 어떤 순서를 밟아야 하는지 그 계통도를 우리는 알고리즘이라 칭한다.

04) 위의 책, 503.

05) 사이버네틱스란 용어는 미국의 수학자 노버트 위너(Norbert Wiener, 1894~1964)가 최초로 사용하였다. 그는 메시지의 소통과 통제에 관한 이론학문으로 그리스어 '키잡이'(κυβερνήτης)라는 단어에서 사이버네틱스라는 용어를 만들어 냈다.

후 이제 데이터는 모든 것의 모든 것이 되어가고 있다. 이제 생명계의 모든 정보가 디지털 정보로 해독되어 저장될 수 있기에 데이터가 모든 것을 규정할 수 있으며, 계속 발전해가는 연산장치 덕분에 데이터의 양과 교류의 속도는 인간의 예측과 역량을 뛰어넘은 지 오래다. 여기에 더해 네트워크 기술은 데이터교의 등장을 더욱 앞당기게 될 것이다. 이제 인터넷은 사물과도 이어져 인간과 그를 둘러싼 모든 사물이 하나의 망으로 연결되어, 그로부터 생산되는 정보의 봇물을 체계적으로 처리, 관리하는 시대가 머잖아 도래할 것임을 하라리는 믿어 의심치 않고 있다.[06] 이 모든 것을 가능하게 한 것이 통신망이다. 이른바 인터넷으로 대표되는 네트워크 기술은 인간과 사물을 하나로 묶어냈고, 시공의 제약에 구속되던 인간의 교류를 거의 무한대 수준으로 확대해주며 이른바 '지구화'[07]를 현실로 만들고 있다. 그리고 지금은 거기에 더해 사이버공간의 개척을 통해 인류의 활동무대를 무한대로 확장되는 중이다.

이 글은 바로 이런 현대의 기술적 발전이 가져온 변화된 생활환경, 즉 이머징 문화[08](the emerging culture)에 대한 신학적 반성과 검토에 집중하고 있다. 빅데이터 시대, 그리고 그것을 빛의 속

06) Yuval Noah Harari,『호모 데우스』, 김명주 역, 522.
07) 임희모, "지구화와 다문화 상황에서 한국교회의 선교적 과제"「신학과 선교」37 (부천: 서울신학대학교출판부, 2010), 59.
08) 이머징 문화라는 말은 그리스도교와 신학의 영역에서는 1990년대 말부터 사용하기 시작되었는데, 포스트모던이라는 말이 가지는 부정적 뉘앙스를 대체하기 위한 중립적 용어로 선택되었다. 이에 대해서는 다음 글을 참조하라. 박양식, "이머징 문화 속의 미셔널 교회 만들기",「신학과 선교」40 (부천: 서울신학대학교출판부, 2012), 256.

도로 취급하는 사이버공간. 신체가 자리하지는 않지만 많은 이가 관심을 두고, 집중하고 또 의존하고 있는 이 공간에 대한 신학적 반성과 이 환경에서 새로운 교회는 가능한지에 대한 모색이 이 글의 주된 관심사가 될 것이다. 따라서 이 글은 다음과 같은 순서로 진행될 것이다. 먼저 사이버공간과 그에 따라 형성되는 새로운 문화에 대한 정의적 이해를 시도하며, 이에 대한 신학 분야에서의 선행 연구를 추적할 것이다. 이후 21세기 초엽에 시도되었던 사이버공간 내 종교공동체 결성 현황을 살펴보도록 하겠다. 뒤에서도 살펴보겠지만, 결국 사이버공간 내 종교공동체는 절반의 성공 혹은 실패를 맛보았다. 왜 그런 결과가 나왔는지 이 글에서는 칙센트미하이(Mihaly Csikszentmihalyi)의 '몰입'(flow)과 치데스터(David Chidester)의 '촉각'의 관점에서 분석하고자 한다.

1. 사이버공간과 문화

사이버공간이란 개념적으로 컴퓨터 통신을 매개로 만들어지는 사회관계를 말한다. 이는 앞서도 언급했듯이 컴퓨터와 통신망의 발달로 실현되었다. 사이버공간이란 말은 최초로 소설가 윌리엄 깁슨(Willam Gibson)이 자신의 소설 『뉴로맨서』(1984)에서 사용했다. 그 역시 이 용어를 물리적 공간이 아닌 개념적 공간이란 의미로 사용하였다. 이후 여러 공상과학 영화[09]를 통해 이 용어는 대중화되었고, 세계적 현상으로 자리를 잡아갔다. 물론 이 배후에는 컴퓨터 산업계의 계획된 의도도 한몫하였다. 사이버공간이라는 매우 참신하고 미래지향적인 용어를 그들의 상품에 붙임으로 소비자들의 제품 구매욕을 끌어올리고 싶었다. 이러한 의도와 시대의 흐름이 공명하면서 '사이버'라는 접두어는 모든 혁신과 신기술의 기표가 되어 시대 정신을 이끌기도 하였다.

이러한 사이버공간의 도래를 앞당긴 것은 1969년 최초 군사적 목적으로 시작된 인터넷 서비스이다. 인터넷은 미 국방성의 알파넷(ARPANET) 프로젝트의 결과로 세상에 등장했다. 당시 국방부는 핵전쟁으로 국가의 주요 기밀이 일시에 파괴되는 것을 막기 위해 정보분산처리 시스템의 하나로 알파넷을 구축하였다. 후에 이것이 상용화하면서 인터넷 서비스가 확산하였고, 이를 토대로 사이버공간 또한 무한대로 확대되었다. 인터넷은 TCP/IP라는 통신 프로토콜을 사용하는 컴퓨터 통신망으로 1991년에는 월드와이드앱(World Wide Web)이라는 형태로 자리를 잡았다.[10]

컴퓨터 통신망으로 인터넷은 '분산성'과 '양방향성'이라는 전형적 특징을 지닌다. 분산성이란 인터넷 이전의 정보 취급방식이 중앙집중형이었고, 또 그것이 가진 위험성에 대한 대비적 성격이 강하다. 단일한 조직이나 특정 세력이 정보를 통제하지 않고 모

---

09) 예들 들어 〈론머맨〉(1992)이나 〈매트릭스〉(1999) 같은 영화가 여기에 속한다.
10) 홍성태, "사이버공간과 문화", 「철학과 현실」(서울: 철학문화연구소, 2002.9), 51.

두에 의해 관리되는 형태이기 때문에 이런 인터넷의 분산적 특성은 민주적인 현대 사회와도 잘 조화를 이룬다 하겠다. 그리고 양방향성 역시 이전의 집중형 정보통신망이 가지는 정보의 일방향성을 지양하고 있다. 집중형 정보통신망은 정보를 발신하는 이와 수신하는 이가 뚜렷이 구별된다. 그러나 양방향성에는 그러한 구분이 명확하지 않기에 이전과는 다른 다수와 대중의 의견이 존중받는 사회적 분위기가 형성될 수 있다.[11]

사이버공간에 밝은 점만 있는 것은 아니다. 무엇보다 인격적 육체의 실종이 사이버공간에서 해결해야 할 과제가 된다. 주지하듯이 사이버공간은 논리적 영역이다. 물론 그 논리의 세계에도 인간적 관계 형성과 교류를 할 수 있기에 사이버공간 역시 사회적으로 인식되긴 하지만, 그 공간에서 신체적 활동을 할 수 없다는 점에서 현실 세계와는 분명히 다르다. 따라서 사이버공간에서 활동하기 위해서는 본래 자아와 함께 사이버 자아도 필요하게 된다. 즉, 사이버 대리인이 필요한 것이다. 그런데 문제는 늘 본래 자아와 사이버 자아가 일치하지는 않는다는 데 있다. 보통의 경우 본래 자아보다 사이버 자아가 훨씬 큰 자유와 선택을 누린다. 사이버공간에서 활동하는 자아는 성과 외모, 직업과 소득, 국적 등의 제약을 넘어 자유롭게 자신을 재구성할 수 있다. 때론 아바타(Avatar)라 불리는 사이버 자아는 일반적으로 세 부류[12]로

---

11) 사이버공간의 특성에 대한 정보는 다음 글을 참조하라. 홍성태, "사이버공간과 문화", 51-52.
12) 사이버 자아의 세 부류 정리는 다음 글을 참조하라. 김선희, 『사이버시대의 인격과 몸』 (서울: 아카넷, 2004), 253-254.

구분한다. 우선 '반영적 대리 자아'가 있다. 이는 본래 자아의 명령과 조정을 그대로 시행하는 사이버 자아를 말한다. 두 번째로 '자율적 대리 자아'가 있다. 이 경우 본래 자아는 큰 틀에서 임무 수행의 목적을 설정할 뿐, 이후는 사이버 자아의 자율적 판단에 맡긴다. 세 번째는 보트(BOT)로 인간이 아닌 인공지능이 본래 자아로서 존재하고, 그의 명령을 수행하는 사이버 대리인을 말한다. 이렇게 사이버공간 내의 활동은 무한한 자유와 선택도 있지만, 사이버공간의 본래적 특성 때문에 인간의 신체가 실종되는 활동이라는 한계도 분명히 존재한다.

인터넷이 구현한 사이버공간의 개방성과 익명성 그리고 이전보다는 더 활발한 참여 그리고 지구적 차원으로 확대된 정보 공유[13]는 종교계의 입장에서도 관심을 보일 만한 것이다. 왜냐하면 다른 사회보다 권위적이고 경직되기 쉬운 종교계의 일방향적 문화와 분위기를 보완하기에 사이버공간은 적절한 대안이 될 수도 있기 때문이다. 따라서 이에 대한 신학적 작업은 당연한 귀결이 그 첫 번째 응답이 제니퍼 콥(Janiffer J. Cobb)이라는 미국의 여성 신학자에게서 나왔다. 그는 1998년 『사이버은총』(Cybergrace)이라는 연구서를 통해 사이버공간에 대한 신학적 가능성을 모색하였다. 콥은 사이버공간의 가치를 매우 적극적으로 긍정한다. 그가 보기에 "사이버공간은 객관화된 마음과 물질로 대표되는 이

---

13) 이상 사이버공간의 특징에 대한 부연 설명은 다음 글을 참조하라. 홍성태, "사이버공간과 문화", 52.

원론을 넘어선다."[14] 물론 콥 역시 사이버공간이 가지는 어수선하고 복잡한 경험의 세계임을 부인하지는 않는다.[15] 하지만 여전히 "사이버공간은 창조적 매체로서 신성한 존재로 가득한 광대하고 아직 개척되지 않은 잠재력을 가지고 있다."[16] 콥은 우리가 마음과 물질, 인간과 기계 등 이원론적 분리가 사라질 수 있는 사이버공간의 구조와 작동의 원리를 이해할 수 있다면, 사이버공간을 은총의 매개체로 이해할 수도 있다고 주장하기에 이른다.[17] 사이버공간에 대한 콥의 긍정적 평가는 다음과 같은 말에서도 확연히 드러난다.

"사이버공간은 사랑, 연결, 정의, 공감, 배려, 평등 그리고 책임감 등 보다 풍부한 경험으로 우리를 이동시켜 삶의 질을 높여주는 가치를 드러내는 새로운 팔레트를 제공한다."[18]

사이버공간에 대한 콥의 찬양은 계속 이어진다. 영육의 이분법이 사라지는 세계, 신의 영적 활동을 유비할 수 있는 영역으로 사이버공간은 단순 상업적 차원의 도구가 되어서는 안된다고 힘주어 말한다.[19]

---

14) Jennifer Cobb, *Cybergrace: The Search for God in the Digital World*, (New York: Crown Pub. Inc., 1998), 9.
15) Jennifer Cobb, *Cybergrace*, 9.
16) Jennifer Cobb, *Cybergrace*, 15.
17) Jennifer Cobb, *Cybergrace*, 45.
18) Jennifer Cobb, *Cybergrace*, 233.
19) Jennifer Cobb, *Cybergrace*, 231.

사이버공간과 문화에 대한 신학적 해석을 시도한 국내 연구가로는 최인식을 언급하지 않을 수 없다. 그는 단행본 『예수, 그리고 사이버 세계』(서울: 대한기독교서회, 2002)를 비롯하여 다수의 관련 논문을 발표하며 한국의 사이버 신학을 이끌었다. 그러나 최인식의 입장은 앞서 살펴본 콥과는 다르다. 사이버공간의 유비성을 치켜세운 콥과는 달리 최인식은 그것이 지닌 문제점도 냉철히 주목하고 있다. 최인식 역시 현대 사회를 비트(bit)와 네트(net)의 결합으로 이루어져 있음을 충실히 인식하고 있다.[20] 그리고 그러한 시대에 적응한 신학을 '테크노신학'이라 부르고 있다.[21] 그러나 최인식의 테크노신학은 긍정의 모습이 아니다. 이 명명과 은유는 정작 중요한 부분을 보지 못하고 유행에 집중하는 현대 신학의 불편한 모습에 대한 경고이기도 하다. 이는 다음과 같은 최인식의 지적에 충실히 표출된다.

> "테크노신학은 자연이 하는 얘기, 문화가 부르는 소리, 역사가 증언하는 한(恨), 이웃 종교인들이 말하는 체험담, 테크노인간이 된 '나'의 실존이 당하는 고통의 소리마저도 듣지 못한다. 더 정확히 말하여, 관심의 대상이 되지 않는다. 그래서 신학을 하더라도 '나'의 문제는 여전히 남는다."

---

20) 최인식, "기술시대의 신학적 문제와 대응", 「신학과 선교」 25(부천: 서울신학대학교출판부, 2000), 509.
21) 최인식, "기술시대의 신학적 문제와 대응", 508.

위와 같은 최인식의 논지는 사이버공간에 대한 부정적 평가로 이어진다. 사이버네틱스와 사이버공간의 출현은 결국 인간을 '뉴런 덩어리'로 만들어 버리고, 시뮬라크르[22](simulacra)의 등장은 참된 실재를 대체해 버리기 때문이다. 이제 사람들은 실재보다 기술로 확장된 과잉실재[23](hyper-reality)에 더 집착할 뿐이다.[24] 최인식이 보기에 이는 올바른 신학적 방법이 아니다. 존재의 신비가 빠진, 실존적 '나'의 문제가 빠진 신학적 담론은 유의미하다고 말하기 곤란하기 때문이다. 그래서 테크노신학은 극복되어야 한다. 이에 대한 최인식의 해법은 노자로부터 발견된다. 바로 노자가 말한 통나무(樸)이다. 노자의 통나무는 도(道)를 상징한다. 억지로 강요하지 않으면서도 모든 것을 가능하게 하는 도를 머금고 있는 것이 바로 통나무이기 때문이다. 그러나 최인식의 통나무신학은 단순히 노자의 유비에만 멈추지 않는다. 그의 통나무신학이 지목하고 있는 대상은 예수이고, 즉 그는 이 유비로 신학은 본래 목적에 충실해야 함을 역설하고 있는 셈이다.[25] 이렇게 최인식은 현대의 기술적 진보의 결과로 나온 사이버공간의 현실을 인정하면서도 신학은 단순히 그에 편승해서는 안되며 도리어 본래의 목적을 지킬 때 제구실을 할 것이라 보고 있다.

---

22) 프랑스의 사상가 장 보드리야르(Jean Baudrillard)가 제시한 개념으로 모든 실재의 인위적 대체물을 지칭한다. 보드리야르는 우리가 사는 세계는 시뮬라크르, 가상실재 속이다. 원본이 사라진 시대에 시뮬라크르는 실재보다 더 실감나는 실재, 즉 파생실재로서 존재한다고 보았다.
23) 역시 보드리야르가 제시한 개념으로 실재가 사라진 곳을 대체하는 원본도 아니고 사실성도 없는 이미지를 지칭하는 말이다.
24) 최인식, "기술시대의 신학적 문제와 대응", 515-516.
25) 최인식, "기술시대의 신학적 문제와 대응", 528.

위 두 사례 외에 국내에서 사이버공간이나 문화에 대해 신학적 해석을 시도한 경우를 일괄하면 다음과 같다. 먼저 장성배는 그의 책『교회, 문화 그리고 사이버스페이스』(서울: 성서연구서, 2001)에서 선교학적 관점으로 사이버공간을 탐구하고 있다. 그러나 그의 관심은 사이버공간이 가지는 신학적 성격이나 특징을 고찰하는 데 있다기보다는 그를 활용한 선교전략 확립에 있다. 따라서 그의 연구는 주로 인터넷 선교 쪽에 집중되어 있다. 단독 연구는 아니지만 1999년 숭실대에서 펴낸『사이버문화와 기독교 문화전략』(서울: 쿰란출판사, 1999)도 관련 분야의 대표적인 것 중 하나이다. 9명의 연구자가 참여한 이 연구서는 1998년 6월에 있었던 숭실대 한국기독교문화연구소에서 주최한 심포지엄의 결과물이기도 하다. 연구에 참여한 9명의 전공은 신학을 포함하여 철학, 예술 그리고 IT 계열의 전문가까지 다양하다. 그리고 게재된 글도 사이버공간과 문화에 대한 기본적인 소개와 더불어 이들에 대한 기독교계의 대처와 준비 등을 다루고 있다. 관련 연구로 그나마 최신의 것으로는 심영보의 두 책[26]을 들 수 있다. 그러나 심영보의 두 연구는 고정된 관점으로 사이버공간에 대한 신학적 해석을 시도했다기보다는 관련 분야의 다양한 관점과 정보 그리고 자료를 체계적으로 정리한 정보제공의 성격이 강한 편이다.

사이버공간과 문화에 관한 선행 연구들을 일별해보니 생각보다 이들의 연구가 빨랐다는 점이 눈에 들어온다. 심영보의 연구

---

26) 심영보,『사이버신학과 디지털교회』(파주: 한국학술정보, 2008); 심영보,『사이버신학과 사이버은총』(파주: 한국학술정보, 2011)

외에는 대부분 20세기 말과 21세기 초에 이루어진 것들이다. 그렇다면 왜 사이버공간과 문화에 대한 신학적 해석은 21세기가 시작된 이후에 활발하게 전개되지 못한 것일까? 21세기가 시작되면 마치 세상이 사이버 문화로 가득할 것 같았는데, 왜 유독 종교계에서는 이에 대한 담론 형성이 확대되지 못한 것일까? 어쩌면 그 대답은 사이버공간 내 종교공동체의 활동에서 찾을 수도 있을 것이다.

2. 사이버 시대의 종교공동체

90년대 후반 들어 여러 종교에서는 사이버공간 역시 포교의 영역이 되리라 판단했다. 그리고 이는 다양한 움직임으로 표출되었다. 우선 개신교는 1998년 인명진 목사와 곽선희 목사가 중심이 되어 '한국기독교인터넷TV방송국'(www.c3tv.co.kr)을 설립하였다. 그리고 천주교의 경우 역시 1998년 서울대교구가 주도하여 '굿뉴스'(www.catholich.co.kr)을 시작하였고, 불교는 1999년 조계종이 불교종합정보사이트인 달마넷(www.dharmanet.net)을 설립하였다. 그러나 초기 야심찬 기획과는 달리 지금까지 살아남은 온라인 서비스는 개신교의 '한국기독교인터넷TV방송국'이 유일하다. 그것도 지금은 이름을 'GoodTV'로 변경하고 주로 설교와 각종 신앙정보를 제공하는 사이트로 서비스하고 있다. 반면 천주교의 굿뉴스와 불교의 달마넷은 링크가 삭제되어 더는 활동하지 않고 있다.

　사실 한국의 주요 종교인 개신교, 천주교, 불교 중에서 가장 사이버공간에 적극적이었던 것은 불교였다. 불교의 연기론은 논리적 세계의 구조를 지닌 사이버공간을 수용하는데 큰 장애가 되지 않았고, 청년세대의 확장성에서 부족함을 느꼈던 불교는 사이버공간이나 온라인 영역을 포교의 대상으로 삼는 것이 매우 매력적이었을 것이다. 그러나 포교나 선교의 도구로 사이버공간을 활용하는 시도는 대부분 제한적이고 분명한 한계를 드러냈다. 이를 위해 각 종교공동체는 주로 홈페이지를 활용해 왔는데, 단선적이고 일방적인 정보제공만으로 사람들의 관심을 잡기란 쉽지 않은 일이었다. 이에 대한 보완으로 게시판을 적극적으로 활용하는 단체들이 늘어나긴 했지만, 종교공동체의 게시판 활용도 대부분 좋은 결과를 얻지 못했다. 다른 온라인 공동체와는 달리 종교조직의 게시판은 대부분 지인으로 구성되어 있다는 특수성이 이런 결과를 가져왔을 것이다. 즉, 익명성이 보장되지 않기에 게시판을 통한 소통에 능동적으로 나서기 어려웠을 것이다.

　개신교 쪽에서는 신앙생활을 위한 보완적 대체재로 사이버공간을 활용하는 것에 머물지 않고, 더 나아가 온라인상에서 실제적 예배를 시행하는 시도가 생겨나기 시작했다. 이렇게 사이버공간을 집회와 예배의 대안 영역으로 활용하는 교회를 '사이버교회'(cyberchurch) 혹은 '가상교회', '인터넷교회'라고도 부른다. 사이버공간을 활용하는 사이버교회는 여러 면에서 유리한 점이 있었다. 일단 초기 개척 비용이 적게 들었다. 부동산이 필요 없는 온라인 공간인지라 간단한 사이트나 커뮤니티 게시판 정도만 갖추면 예배를 위한 기본 환경이 조성되었기 때문이다. 거기에 지역적 한계를 넘어 세계 어디에서도 비동시적으로 접속할 수 있다는 것이 사이버교회의 큰 매력이기도 했다. 또한, 새로운 과학기술을 적극적으로 수용하고 온라인과 사이버공간 속 성과 속의 구분을 지양하고 있다는 점에서 이런 사이버교회는 이머징 교회의 모습[27]도 지니고 있다 하겠다. 그래서 온라인과 사이버공간에 대한 기대가 넘치던 2000년대 초반에 여러 사이버교회가 우후죽순처럼 생겨나기 시작했다. 이 중에 눈에 띄는 시도가 1999년 12월 15일 김성윤 목사에 의해 설립된 '인터넷교회'(http://internetchurch21.com)이다.[28] 인터넷교회는 2002년까지 존속되어 국내 다른 사이버 종교공동체와 비교하면 어느 정도 유지가 되었다. 이 교회의 홈페이지는 온라인상에서 일반 교회에서처럼 예배를 드릴 수 있도록 구성해놓았다. 홈페이지에 접속한 뒤 예배실을 클릭하여 일반 교회와 같은 순서로 진행되는 예배에 참석할 수 있었다. 미디 음악으로 찬송할 수 있었고, 설교는 음성 파일을 재생하며 원고 텍스트를 읽는 방식으로 대체되었다. 그리고 헌금은 계좌이체를 통해 처리했다고 한다. 당시 대략 100여 명의 등록 신도가 있었다고 하니 나름대로 유의미한 사이버교회로서 자리매김했었다고 하겠다.

---

27) 김형락, "이머징 워십, 현대 한국 기독교의 대안적 예배가 될 수 있는가?", 「신학과 선교」 37(부천: 서울신학대학교출판부, 2010), 299.
28) 인터넷교회에 대한 정보는 다음 링크를 참조하라.
http://news.donga.com/View?gid=7549751&date=20000622 (2018년 11월 9일 검색)

사이버교회의 가장 큰 문제는 육체가 상실된 사이버공간의 특성상 성례전과 세례의식 등을 제대로 처리할 수 없었다는 데 있었다. 아울러 예배 역시 혼자 참여하는 방식이다 보니 집중도와 긴장감이 느슨해질 수밖에 없었고 또한 이 교회의 지속에 좋지 않은 영향을 주게 되었다. 김성윤 목사는 홀로 예배에 대한 신학적 근거로 루터의 '만인 제사장 주의'를 들고 있긴 하나, 인격적 접촉이 부족했던 인터넷교회는 2년여의 실험을 끝으로 문을 닫을 수밖에 없었다.

이후 사이버공간 내 종교공동체는 예배 중심보다는 게시판을 통한 토론과 개설자 주도의 신학 강의 형태를 띠기 시작하였다. 그 대표적인 것이 정용섭 목사의 '대구성서아카데미'(http://dabia. net)와 황순기 목사의 '작은자교회'(http://sozocommunity.org/soc/)이다. 이들 사이버 종교공동체는 신학훈련이 잘되어 있는 지도자의 강연과 성서 강의, 그리고 설교 등을 온라인에 공개하고 이를 토대로 활발한 게시판 토론이 이어지는 형태를 띠고 있다. 그리고 운영자금은 회원들의 자발적인 회비를 통해 이루어지고 있다는 점에서 유사성을 보이고 있다. 다만 사이트의 규모와 참여도에서 작은자교회보다는 대구성서아카데미가 우위에 있다 하겠다. 특히 대구성서아카데미의 경우는 사이버공간의 모임이 오프라인으로까지 확대되어 서울과 대구에 '샘터교회'라는 실제 교회를 설립했다는 점에서 특이한 사례라 하겠다.[29] 최근 사이버공

---

29) 대구성서아카데미와 그의 오프라인 공동체인 대구샘터교회에 대한 CBS대구의 취재 동영상은 다음 링크를 참조하라. https://www.youtube.com/watch?v=mGc6rD0mY-

간 내 흥미로운 종교공동체가 설립되었는데, 바로 '인터넷한가족교회'(http://wfmtv.net/)이다. 이 교회는 중국선교사를 역임한 김천겸 목사와 손선미 선교사가 2015년 경기도 안산에 '한가족교회'를 개척한 것에서 시작된다. 그후 2년이 지난 뒤 이들은 기존의 교회 활동을 사이버공간으로 확장하면서 '인터넷한가족교회'로 개명하게 된다. 인터넷한가족교회의 운영방식은 21세기 초에 설립된 김성윤 목사의 인터넷교회가 크게 다르지 않지만, 최초 오프라인 교회를 토대로 설립되어서인지 실명과 익명이 조화를 이루고 있다는 점에서는 차이가 있다.

지금까지 간략하게나마 국내 사이버 교회의 현황을 살펴보았는데, 초기의 기대와는 다르게 종교공동체로서 착실히 안착한 경우는 찾아보기가 어려웠다. 그나마 종교공동체로서 어느 정도 명목을 유지하는 경우는 사이버공간과 오프라인의 조화를 이룬 '대구성서아카데미'나 '인터넷한가족교회' 정도였다. 이 두 교회의 특징은 사이버공간에만 의존하지 않고, 오프라인에서 공동체 구성원 간의 인격적 접촉이 빈번히 일어나고 있다는 점이다. 교회는 본질적 성격상 '사람들'[30]을 가리키며, 아울러 '삶의 교제'를 나누는 공동체[31]이기 때문이다. 따라서 공동체성이 빠진 개인적 몰입에만 의존하기에는 한계가 있다 할 것이다.

---

bo&t=2s

30) 백충현, "교회개혁을 위한 신학적 성찰-교회의 정체성과 적실성을 중심으로", 「신학과 선교」 50(부천: 서울신학대학교출판부, 2017), 97.

31) 박영범, "교회의 삶을 돕는 교회론을 향하여 -성서적, 조직 신학적 기초 다지기", 「신학과 선교」 46(부천: 서울신학대학교출판부, 2015), 95.

〈그림 1〉 온라인 미로의 시작화면

    교회공동체 외에 사이버공간을 활용한 다양한 종교프로그램
이 최근 세계적으로 늘어나는 추세이긴 하다. 우선 눈에 띄는 것
이 사이버 순례 환경 조성이다. 그 중 대표적인 것이 '온라인 미
로'(http://www.labyrinth.org.uk/)이다. 종교 관련 미로는 중세의 성
당 바닥 면에서 발견되는 문양이다. 신자들은 바닥에 그려진 문
양을 따라 밖에서 안쪽으로 걸어 들어가며 신의 임재와 자신에
대한 종교적 성찰의 시간을 갖게 된다. 지금 온라인 미로는 11
단계로 구성되어 있고, 이는 다시 크게 '내면으로의 여행', '미로
의 중심'(신에게 집중), '밖으로의 여행'(삶에서 신을 구현) 등 세 부
분으로 나뉜다.[32] 이와 유사한 서비스로는 이슬람의 '가상 하

___

32) 우혜란, "사이버순례에 대한 논의", 「종교문화연구」 19(오산, 한신대학교출판부, 2012),
284.

지'(Virtual Hajj)[33)가 있다. 이는 3D 기술로 구현된 가상 공간에 사이버 자아인 아바타를 이용하여 순례를 체험하도록 한다. 이 서비스는 이집트의 알-까르다위가 운영자로 있는 '이슬람온라인넷'(Islamonline.net)이라는 것에서 2007년에 시작했다고 한다. 사이버공간이긴 하지만 이 온라인 순례에 참여하는 무슬림은 역시 오프라인과 마찬가지로 그에 걸맞은 복장과 행동거지를 유지해야 한다.[34) 유대교에서도 이와 비슷한 온라인 서비스를 하고 있는데 그 명칭은 '가상 예루살렘'(Virtual Jerusalem)이다. 이 서비스의 특징은 온라인을 통해 세계 곳곳의 신자가 기도내용을 보내게 되면 예루살렘에 있는 담당자가 직접 출력해 통곡의 벽 정해진 장소에 꽂는다는 점이다.[35) 사이버공간과 현실 사이의 적절한 균형을 유지하려는 서비스로 보인다. 최근에는 페이스북이나 트위터 등 소셜네트워크 시스템을 기반으로 한 사이버 종교공동체가 늘어나는 추세다. 해외 사례로는 '세인트 픽셀스'(www.stpixels.com)라는 교회가 있는데, 이 교회는 페이스북을 기반으로 3D 서비스를 제공하고 있다. 국내에도 '내 안에 교회'(https://www.facebook.com/naeane1)가 이와 유사하게 페이스북에 기반한 사이버 교회이다. 이 교회도 앞서 살펴보았던 대구성서아카데미나 인터넷한가족교회처럼 온·오프를 포괄하고 있는데, 공동예배는 주

---

33) '가상 하지'에 대한 자세한 설명은 다음 글을 참조하라. 우혜란, "사이버순례에 대한 논의", 294-298.

34) '가상 하지'의 서비스 장면은 다음 링크의 동영상을 참조하라.
   https://www.youtube.com/watch?v=eNNqd2AxxyM

35) 우혜란, "사이버순례에 대한 논의", 290.

로 오프라인에서, 그리고 새벽기도회와 심방 등은 페이스북을 이용하는 형식을 취하고 있다. 이처럼 이전과는 다르게 소셜네트워크 시스템의 기술이 발달하고, 그 영향력이 확대되는 지금 사이버 종교공동체의 가능성은 더욱 커졌다 하겠다.[36)]

3. 사이버 종교공동체에 대한 해석 시도

앞에서 한국의 개신교 내에서 이루어지고 있는 사이버공간을 이용한 종교활동과 다른 종교의 온라인 서비스 활용 현황에 대해 살펴보았다. 이제 다시 관심을 한국사회로 돌리도록 하자. 한국은 다른 나라보다 월등히 유용한 인터넷 환경을 갖추고 있는 편이다. 그런데도 사이버공간 내에서 종교공동체의 활동은 활발한 편이 못 된다. 겨우 몇몇 교회가 온라인과 오프라인의 균형을 맞추면서 존재감을 이어가고 있을 뿐, 21세기 초에 시행된 대부분의 사이버교회 운동은 지금은 자취를 감춘 상태이다. 왜 이런 일이 일어난 것일까? 그리고 사이버교회의 미미한 활동은 국내에만 한정된 것도 아니다. 해외도 기존 종교공동체에 보완적 도움을 주는 선에서 사이버공간이 활용되고 있을 뿐, 오프라인 공동

---

36) 페이스북의 설립자인 마크 저커버그 역시 2017년 6월 인터뷰에서 페이스북을 두터운 인간관계가 가능한 공동체로 만들고 싶다는 포부를 밝히기도 했다. 그의 입장은 현실 세계 내 분열을 페이스북 안에서나마 완화시켜보겠다는 것인데, 이 지점에서 페이스북에 기반한 사이버 종교공동체의 가능성을 읽을 수 있다. http://www.goodnews1.com/news/news_view.asp?seq=74974 (2018년 11월 9일 검색)

체를 대체하는 수준까지는 도달하지 않고 있다. 왜 이런 일이 생기는 것일까? 4차 산업혁명이 이슈가 되는 시대에, 온라인의 거의 모든 시도가 3D 프린터를 통해 오프라인에서 구현되는 지금에, 아톰의 세계와 비트의 세계가 하나로 통합되는 이 세대에도 여전히 종교공동체의 사이버화는 왜 이리 더딘 것일까? 이에 대해 우리는 칙센트미하이의 '몰입'과 치데스터의 '촉각'의 관점을 살핌으로써 적절한 설명을 찾아보고자 한다.

우선 심리학자이자 교육학자인 칙센트미하이는 '몰입'이라는 독특한 개념을 제시함으로써 종교와 문화에 대한 새로운 시각을 제공해주었다. 그가 말하는 몰입이란 환경적 방해물에 개이치 않고 어느 한 방향으로 오로지 자신의 정신을 집중하고 있는 것이다. 이를 그는 "'몰입'은 삶이 고조되는 순간에 물 흐르듯 행동이 자연스럽게 이루어지는 느낌을 표현"[37]하는 것이라 정의하고 있다. 칙센트미하이는 이러한 몰입의 경험이 다양한 분야에서 이루어진다고 주장한다. 운동선수, 화가나 음악가 같은 예술가 그리고 종교인에 이르기까지 외부 환경에 지장을 받지 않고 무언가에 집중하는 몰입의 경지를 경험하고 있다고 본다.[38] 이런 그의 관점은 몰입하는 주체적 체험자의 심리상태를 분석하여 정리한 것이라 하겠다. 그러니 마라톤 선수가 목적지를 향하는 일념으로 무아경지에 이른 것이나, 연주장에서 악기와 혼연일체가 된

---

37) Mihaly Csikszentmihalyi, *Finding Flow*, 이희재 역, 『몰입의 즐거움』(서울: 해냄출판사, 2007), 45.
38) Mihaly Csikszentmihalyi, 『몰입의 즐거움』, 이희재 역, 45.

예술가나, 종교인의 무아지경적 신비체험도 이 몰입의 하나로 설명할 수 있게 된다. 계속해서 칙센트미하이는 몰입을 위한 조건으로 세 가지를 언급하고 있다. 첫 번째가 "적절한 대응을 요구하는 일련의 명확한 목표가 앞에 있을 때"[39]이고, 두 번째 몰입은 피드백 효과가 다른 어떤 경험보다 빠르며[40], 마지막으로 "몰입은 쉽지는 않지만 그렇다고 아주 버겁지도 않은 과제를 극복하는데 한 사람이 자신의 실력을 온통 쏟아부을 때 나타나는 현상이다."[41]

몰입을 심리-구조적으로 이해하는 첵센트미하이의 관점은 심리학과 교육학뿐만 아니라 종교연구와 문화연구 등 폭넓게 적용되기도 했다.[42] 이제 이 관점을 사이버공간 내 종교공동체로 돌려보자. 우선 칙센트미하이의 몰입은 주체적 개인의 상태에 대한 분석이다. 그러니 사이버공간의 활동에 집중하고 있는 개인을 살피기에는 적절한 분석 도구라 할 수 있다. 분명한 목표가 설정되어 있고, 충분히 그것을 수행할 만한 능력을 갖추고 있다면 사이버공간 내에서 개인은 몰입을 경험할 수 있다. 그러한 개인적 몰입은 사이버공간 내 종교공동체에도 그대로 이어진다. 특히 파편적 개인으로 분산된 현대 사회의 구성원들은 세속적 사회에서

---

39) Mihaly Csikszentmihalyi, 『몰입의 즐거움』, 이희재 역, 45.
40) Mihaly Csikszentmihalyi, 『몰입의 즐거움』, 이희재 역, 45.
41) Mihaly Csikszentmihalyi, 『몰입의 즐거움』, 이희재 역, 46.
42) 종교연구 분야에서 칙센트미하이의 몰입이론을 적용한 것으로는 다음 논문을 참조하라. 박종천, "몰입, 종교와 대중문화를 녹이다", 「종교문화연구」 15(오산: 한신대학교출판부, 2010)

도 절대성과 완전함에 대한 영적인 갈증을 느낄 수밖에 없을 것이고, 그러한 심리적이고도 종교적인 허기를 충족시키기에 사이버공간은 적절한 선택지가 될 수도 있기 때문이다. 그래서 사람들은 사이버공간에서 인간적 유대감을 맛보기 위해 접속하게 된다. 그곳에서 지역과 성격 그리고 경제적 여유 때문에 쉽게 참여할 수 없었던 공동체 활동을 하고자 한다. 사이버공간 내에 형성되는 가상공동체는 물리적 세계의 지역공동체가 가지는 여러 주변적 제약으로부터 자유롭기에 영적 갈증을 느끼는 주체적 개인으로서는 이주하기에 적당한 선택지라고도 할 수 있다. 게다가 온라인상에서도 충분히 사회적 관계를 넓히고, 상호의존을 심화할 수 있으며, 이런 것이 종교적 몰입에 도움이 될 수도 있기 때문이다.

사이버공간 내 종교공동체는 최초에는 홈페이지 중심의 정보교환과 게시판 내 커뮤니티 활동으로 제한되어 있었지만, 최근에는 다양한 종교의례 서비스를 제공하고 있다. 이는 그사이 발전한 IT 기술에 빚진 바 크다. 특히 더욱 빨라진 통신망 환경과 각종 라이브 스트리밍 서비스, 그리고 최근 들어 혁신을 이루고 있는 가상현실 서비스 등으로 온라인 종교의례의 몰입도가 높아지고 있는 것도 사실이다. 그러니 최근의 교회는 지역의 한계를 뛰어넘어 구성원의 커뮤니티를 유지할 수 있게 되었다. 출타 중이거나 해외여행 중이라도 페이스북이나 유튜브 등을 통해 같은 시간에 접속하여 3D와 가상현실이 적용된 화면을 접하며 거의 실제에 가까운 의례 참여를 할 수 있기 때문이다. 하지만 현실에서 이러한 시도들이 언제나 성공을 거두는 것은 아니다. 이는 앞서 살펴본 2000년대 이후 많은 사이버교회의 실패를 통해서도 확인할 수 있다. 발전된 IT 기술이 구성원의 몰입을 돕는다면 그를 통해 종교적 만족감이 상승할 수도 있을 텐데, 커뮤니티의 지속적 연장이 실패하는 이유는 무엇일까?

이는 칙센트미하이의 몰입만으로는 사이버 종교공동체의 문제를 제대로 읽기 어렵기 때문이라고 할 수 있다. 여기서 우리는 사이버 종교공동체가 가지는 특징에 다시 집중하게 된다. 사이버공간에는 개인의 신체가 존재하지 않는다. 육체의 접촉이 실종된 곳, 개인의 인지적 몰입은 있으나 신체의 감각이 빠진 곳이 사이버공간이다. 물론 가상현실과 3D 기술 등으로 더 많은 감각적 자극을 통해 사이버공간의 현실감을 강화했다고는 하나, 여전히 감각은 시각에 의존하는 면이 크고 이 기술을 이용하기 위해서는 각종 장비를 신체에 장치해야 하는 번거로움을 감수해야 한다. 이 문제를 이해하기 위해 남아프리카공화국 케이프타운대학의 종교학과 교수인 치데스터의 '촉각'(tactile sense)론은 훌륭한 관점이 될 수 있다. 치데스터는 미국의 종교와 대중문화를 연구하면서 그것이 가지고 있는 본질적 구조가 촉각에서 만난다고 보았다. 촉각은 몸이 움직인 결과로 얻어진 감각이다. 그리고 이는 네 가지 속성을 갖게 되는데, 그것이 바로 묶음(binding), 불태움(burning), 움직임(moving), 다룸(handling)이다. 이런 촉각의 속성은 종교나 대중문화에서 같게 드러난다고 치데스터는 보고 있다.[43] 치데스터의 촉각론을 수용한다면 대중문화나 종교 모두 촉각적 자극이 매우 중요하게 된다. 결국 종교나 문화 모두 인간의 전인적 존재와 관계하기 때문이다. 따라서 논리적 설득만으로 종교적 동기가 유지되기 어렵다. 종교공동체에서 활동하고, 의례에 참여하는 지속성은 해당 종교가 주는 촉각적 자극이 있을 때야 가능하기 때문이다. 이처럼 종교공동체는 논리적 설득이 아니라 고백과 체험의 영역[44]에 있으며, 종교공동체로서 교회 역시 사회적 조직으로 처음부터 개인으로 존재하지 않았다.[45] 그렇게 교회는 인격을 지닌 이들의 공감의 공동체이다.[46]

따라서 우리는 다음과 같은 잠정적 결론에 다다를 수 있다. 사이버공간 내에서도 주체로서 개인적 몰입의 경험은 가능하다. 그것이 사이버 종교공동체의 가능성을 불러온다. 그러나 종교가 가지는 전인적 특성 때문에 지속적인 몸의 촉각적 자극이 없다면 공동체의 유지에는 분명한 한계가 보인다. 따라서 사이버공간에

---

43) David Chidester, Authentic Fakes: Religion and American Popular Culture(ᴛᴛerkeley & L.A.: University of Califonia Press, 2005), pp.89-90. 전명수, "종교와 대중문화의 관계시론", 「종교연구」 48(서울: 한국종교학회, 2007), 372에서 재인용.

44) 종교공동체가 인식이 아니라 경험의 영역에 있다는 것은 하이데거의 교회에 대한 이해에서도 잘 드러난다. 하이데거는 신학의 대상으로 제도적 종교로서 그리스도교를 꼽지 않는다. 그가 보기에 신학이란 그리스도를 만남으로써 생겨나는 원초적 종교경험이기 때문이다. 이상 하이데거의 교회와 신학에 대한 견해는 다음을 참조하라. 오승성, "이성과 신앙의 교차적인(transversal) 상관관계", 「신학과 선교」 40(부천: 서울신학대학교출판부, 2012), 93.

45) 박영범, "'함께 즐거워하고 우는 자들과 함께 울라!'(롬 12: 15)-공감교회론의 철학적·교회론적 기초 다지기", 「신학과 선교」 53(부천: 서울신학대학교출판부, 2018), 42.

46) 박영범, "'함께 즐거워하고 우는 자들과 함께 울라!'(롬 12: 15)-공감교회론의 철학적·교회론적 기초 다지기", 42.

서 종교공동체, 혹은 교회가 새로운 대안이 되기 위해서는 몰입과 촉각이 동시에 가능한 형태로 진화되어야 할 것이다.

4. 닫는 글

사이버공간은 현대 과학기술이 만들어 낸 매혹적인 공간이다. 물리적이지 않은 논리적 공간이면서도 막대한 양의 정보가 흐르고 있는 곳이기에 현대인에게 충분히 매력적인 곳이다. 그런 탓인지 오프라인의 만남이나 접촉 없이도 지금은 많은 것이 가능하다. 일상적인 구매행위나 메시지의 교환 등을 사이버공간에서 처리한 지 제법 되었다. 이제 클릭과 마우스 동작만으로 몇 시간, 혹은 며칠이 걸려야 수행할 수 있었던 갖가지 작업을 순식간에 처리한다. 이러니 갈수록 사이버공간에 대한 인류의 의존도는 점점 커질 것이다. 이런 현상을 하라리는 데이터교라 명명했고, 4차 산업혁명 시대의 도래로 사이버공간의 급속한 확산은 기정 사실처럼 여겨지고 있는 것이 사실이다.

따라서 사이버공간이 가져올 문화적 변화에 대한 신학자들의 관심이 집중되는 것은 당연한 일이었다. 이런 맥락 속에서 1990년대 후반부터 이에 관한 다양한 연구가 나오기 시작했다. 미국에서는 제니퍼 콥이 사이버신학 담론을 주도했고, 한국에서는 최인식이 그 역할을 담당했다. 그러나 사이버공간에 대한 두 사람의 논의는 서로 다른 길을 선택했다. 현대 기술 문명과 그 결과로 등장한 사이버공간 등이 미래사회 큰 변화의 요소가 될 것을 두 학자 모두 인정했으나 그를 수용하는 강도에서는 전혀 다른 길에 서 있었다. 콥은 사이버공간을 은총을 위한 매체로까지 해석하며 적극 신학의 주제로 수용한다. 영육의 이분법이 해소되는 유비적 세계로 사이버공간은 신의 은총을 이해하기에 더없이 좋은 사례가 된다는 판단에 의해서이다. 반면 최인식은 존재의 신비와 실존적 자아가 실종된 테크노신학만으로는 기독교 신학의 본질을 회복할 수 없다고 진단한다. 그는 테크노신학에 함몰하기보다는 통나무신학, 즉 신학의 본류로 복귀하는 것이 이 시대 올바른 신학의 길이라 주장한다. 21세기를 초반에 이루어진 미국과 한국의 사이버공간에 대한 신학적 논의는 선도적이었다 하겠다. 그러나 이 논의는 계속 이어지지 못했고 그 이유는 사이버공간에 대한 신학적 담론을 이끌 현장의 부족에서 찾을 수 있을 것이다.

사이버공간과 온라인에 관한 관심이 증폭되던 21세기 초엽에 지구촌 곳곳에서 사이버공간에 종교공동체를 설립하는 시도가 있었다. 한국 사회도 예외는 아니었다. 사이버공간에서만 작동하는 교회 시스템이 가능한지 다양한 시도와 실험이 있었지만 결국 대부분이 실패로 돌아가고 말았다. 이들 모두 새로운 형태의 미래교회[47]를 지향했지만, 그나마 명맥을 유지하는 경우는 온라

---

47) 미래교회 운동의 대표적 이론가 레너드 스윗은 미래교회의 모형으로 네 가지 개념, 즉 경험-참여-이미지-관계를 제시하였다. 이에 대하여는 다음 글을 참조하라. 유재덕, "미래교회운동과 교회교육", 「신학과 선교」 37(부천: 서울신학대학교출판부, 2010), 247-255.

인과 오프라인이 공존하는 몇몇 교회였다. 이들 교회는 온라인이 우선이든 혹은 오프라인이 우선이든 간에 사이버공간이 주요 매개가 되었다 하더라도 인격적 주체와의 소통을 현실 세계에서 면면히 이어가는 특징을 보이고, 그 밖에 사이버공간에서만 활동할 것을 기대했던 다른 종교공동체 대부분은 실패로 끝나고 말았다. 그리고 이런 구체적 사례의 실패가 사이버공간에 대한 신학적 논의의 동력을 형성하지 못하게 했을 가능성이 크다. 큰 기대로 사이버공간 종교공동체의 융성기를 기대했으나, 좀체 드러나지 않는 성공사례가 사이버공간에 대한 신학적 담론을 끌고 가기에 힘이 부쳤을 것이다.

그렇다면 사이버공간 내 종교공동체, 혹은 사이버교회의 실패 원인은 무엇이었을까? 이 글에서는 칙센트미하이의 '몰입'과 치데스터의 '촉각'으로 신학적 해석을 시도해 보았다. 사이버공간은 신체적 활동이 불필요하다. 신체 없이 아이디로, 즉 사이버 자아로 활동하게 되는데, 그런 상황에도 개인적 몰입은 가능하다. 이 점은 사이버공간 내에서도 종교적 몰입의 가능성을 기대하게 해주는데, 치데스터의 촉각론은 종교가 가지는 또 하나의 특성을 사이버공간이 제대로 충족하지 못함을 지적해 준다. 종교는 인간의 전인적 반응이다. 따라서 몸이 지속해서 영성적 자극을 유지하지 못하면 사이버공간 내의 종교공동체는 일시적이고 잠정적일 수밖에 없을 것이다. 그러나 사이버공간이 주는 개인적 몰입도 간과할 수는 없기에 이 둘에 대한 절충적 보완이 향후 미래사회 교회가 지향해야 할 방향이 아닌가 싶다. 특히 사이버공간에서 해결하기 어려운 성례전의 경험을 담아내기 위해서라도 오프라인교회는 필수적이다. 왜냐하면, 본질에서 교회는 성례전적 공동체[48]이기 때문이다. 즉, 지역교회를 통해서는 몸을 지닌 인격체의 사회적 공감과 교류를 이어가면서도, 개인적 차원에서 영성 훈련을 위한 일상의 몰입을 위한 도구로 사이버공간을 활용한다면 몰입과 촉각을 동시에 만족하게 하며 지속성을 갖춘 온·오프 교회공동체의 모델이 세워질 것이다.

---

48) 최인식, "사중복음 교회론 -하나님 나라 공동체 신학", 「신학과 선교」 48(부천: 서울신학대학교출판부, 2016), 162-163.

IV

메타버스 시대의 선교 전략

'메타버스' 이야기가 뜨겁다. 우선 산업계의 관련 소식은 연일 쏟아지고, 주식시장에서도 메타버스 테마주는 늘 시선을 끌고 있다. 그러다 코로나19 시국이 되면서 이제 교육 현장과 종교계에서도 메타버스는 대세를 이루고 있다. 모이는 것이 '위험'해지자 사람들은 이내 새로운 대안을 찾게 되었고, 메타버스는 곧바로 주목받았다. 기존의 집합을 대신하면서도 고립되지 않고 여전히 사회적 관계와 경험을 유지할 수 있는 대체재로 메타버스가 언급되기 시작한 것이다. 집합교육이 힘든 교육계는 메타버스를 이용하여 각종 의식을 처리하기 시작했다. 입학식과 졸업식 등 많은 이들이 참석하는 의식의 대안으로 메타버스 속 의례는 나름대로 충분한 역할을 해냈다. 집합 의례가 핵심을 이루는 종교계 역시 메타버스는 나쁘지 않은 선택으로 생각되었다. 그래서 교회학교를 중심으로 메타버스를 적극적으로 활용한 교회 내 프로그램이 가동되기 시작했다. 이런 시대의 변화를 살피며, 메타버스는 무엇이며 그것이 교회의 선교 전략에 어떻게 이바지할 수 있는가를 살펴보는 것이 이 글의 주목적이라 하겠다.

1. 메타버스란 무엇인가? – 메타버스의 개념과 종류

본론에 들어가기 전 메타버스라는 용어의 등장과 쓰임새부터 살펴보도록 하자. 이미 익숙한 말이 되었지만, 메타버스는 '메타'(meta, ~넘어, 초월)와 '버스'(universe, 세계, 우주)를 합하여 만든 신조어이다. 이 말이 처음 등장한 것은 닐 스티븐슨(Neal Stephenson)의 공상과학 소설 『스노우 크래시』(Snow Crash, 1992)에서 이다. 책에서 스티븐슨은 아바타를 통해 현실과 연결된 특별한 가상공간으로 경제활동도 가능한 곳을 지칭하기 위해 이 말을 고안해 냈다. 우리가 사는 현실 세계 너머에 있는 가상의 공간. 하지만 현실 속 대부분의 일을 아무 문제 없이 처리할 수 있는 또 다른 세계가 바로 '메타버스'라는 것이다. 메타버스가 현실과 구분되는 것은 더욱 실감 나는 경험을 위해 착용해야 하는 HMD(-Head Mounted Display)라 불리는 머리 착용 디스플레이 정도일 것이다.

메타버스란 개념이 사람들의 눈길을 끌기 시작한 것은 바로 〈린든랩〉(Linden Lab)이란 회사 때문이다. 이 회사는 필립 로즈데일이 설립했는데, 그는 앞서 언급한 스티븐슨의 소설을 읽고 영감을 받아 '세컨드 라이프'(Second Life)란 서비스를 2003년도에 시작하였다. 이 서비스는 가상현실 공간에서 다양한 사회관계와 경제활동을 아바타를 통해 가능하게 해주었다. 소설이나 SF영화에서나 나올 법한 그림을 구체적으로 구현해냄으로써 메타버스라는 신세계의 구체화한 기념비적 게임이라 하겠다. 이후 메타버스는 게임을 즐기는 세대를 중심으로 빠르고 넓게 퍼져나가기 시작했다.

2007년 〈미래가속화연구재단〉(ASF, Acceleration Studies Foundation)에서는 이러한 메타버스를 4가지 범주로 나누어 설명했다. ① 증강현실 세계(Augmented Reality Worlds) ② 라이프로깅 세계(Lifelogging Worlds) ③ 거울 세계(Mirror Worlds) ④ 가상세계(Virtual Worlds)가 그것이다. 이 네 종류의 메타버스를 간략하게나마 살펴보도록 하자.[01]

① 증강현실 세계

증강현실 세계의 대표사례는 몇 년 전 선풍적 인기를 끌었던 게임 〈포켓몬고〉이다. 이 메타버스는 스마트폰을 갖고 즐기는 이 게임은 화면에 투영되는 실제 사진에 또 다른 가상의 형태를 덧붙여 사용자의 실재감을 강화하는 구조로 되어 있다. 증강현실 게임을 즐기는 이들은 휴대 전화기를 들고 다니며 자신의 주변 실제 환경을 스마트폰의 화면을 통해 보게 되고, 그러면 특정한 장소에 예기치 않게 등장하는 포켓몬스터를 확인하고 이를 포획한다. 이렇게 증강현실 세계는 현실에 가상을 덧입혀 사용자의 실재감과 몰입도를 극대화하는 방향으로 발전했다.

② 라이프로깅 세계

라이프로깅 세계는 생활 세계에서 흔히 만나는 메타버스라고 하겠다. 실제로 현실 세계 속 가장 많이 확산한 메타버스이기도 하다. 우리가 흔히 사회적 관계망 서비스라 불리는 대부분의 SNS 서비스가 여기에 속한다. 페이스북, 트위터, 인스타그램, 카카오스토리, 유튜브 등. 현대 사회를 이끄는 1인 미디어 대부분

---

01) 이하 메타버스의 종류에 대해서는 다음을 참조하라. 김상균, 『메타버스』(서울: 플랜비디 자인, 2020). 메타버스의 종류에 관해서는 주로 2장, 3장, 4장, 5장을 참조.

이 라이프로깅에 기반하고 있다. 사람들은 다양한 온라인 플랫폼에 일기를 적듯이 자신의 일상을 디지털로 저장하고 이웃과 공유한다. 때론 텍스트로, 이미지로, 동영상으로 다양한 정보가 저장되며 이 공간은 현실과는 또 다른 세계로 자리를 잡아간다. 현재 페이스북 사용자가 대략 27억 정도로 세계에서 가장 큰 시민을 지닌 공동체라 할 수 있겠다. 최근 회사 이름도 〈메타〉(Meta)로 바꾸었고 이후 페이스북 내에서 사용 가능한 블록체인 기술에 기반한 암호화폐까지 선보인다고 하니, 라이프로깅은 향후 인류에게 대표적인 메타버스로 자리 잡을 가능성이 크다. 특히 젊은 세대들은 일상의 대부분을 다양한 라이프로깅 플랫폼을 통해 공유하고 있기에 갈수록 이 메타버스의 영향력은 커질 수밖에 없을 것이다.

③ 거울 세계

현실 속 실재를 있는 그대로 온라인 공간에 복사하여 만든 것이 거울 세계이다. 각종 지도 앱이나 거기에 기반한 네트워킹 서비스가 대표적인 거울 세계라 할 수 있다. 구글 어스나 네이버, 카카오 등에서 만든 지도 서비스 등이 여기에 속한다. 현실 속 식당을 네트워킹 하여 각종 주문과 요구사항을 자동으로 처리토록 하는 '배달의 민족'이나 '요기요' 같은 서비스도 여기에 속한다. 그 밖에 코로나 시국에 주목받고 있는 온라인 화상회의 앱도 거울 세계의 하나라 할 수 있다. 줌이나 구글 미트, WebEX 등이 그것이다. 라이프로깅 세계와 더불어 현재 실생활에서 가장 많이 활용되고 있는 메타버스이다.

④ 가상세계

메타버스에 가장 어울리는 서비스가 이 가상세계라 하겠다. 가상의 공간에 현실과는 완전히 구별되는 환경과 시대, 등장인물 등을 만들고 그 안에서 아바타를 통해 생활하게 만든 것을 말한다. 사람들은 자신을 대체한 아바타를 통해 이 가상의 공간에서 여러 임무를 수행하며 살아간다. 지금은 주로 게임을 통해 구현되며 각종 가상현실 구현 기술이 발전할수록 적용의 폭이 매우 넓어질 대표적인 메타버스이기도 하다. 지금은 리니지, 월드오브워크래프트 같은 게임이나 로블록스나 세컨드라이프 등과 같은 비(非)-게임 형태로 서비스되고 있다. 가상세계의 비중도 무시하지 못할 것이 2018년 자료를 보면, 미국 13세 미만 청소년들이 로블록스에 즐기는 시간이 유튜브보다 2.5배가 많고, 넷플릭스보다는 16배 이상의 시간을 이 메타버스에서 보내고 있다고 한다.[02] 국내의 통계도 결코 미국보다 처지지 않는다. 매일 방문자 수를 기준으로 한다면 평균 42만2천378명으로 누적 가입자가 2억4천만 명을 넘어가는 네이버의 제페토의 일평균사용자가 7만2천233명인 것에 비하면 압도적이다.[03] 2020년 〈센서타워〉의 조사에 따르면, 각 서비스에 이용자가 머무는 시간을 하루 평균으

---

02) 김상균, 『메타버스』, p.237.
03) 〈매일경제〉, "로블록스 한국 일일이용자 1년만에 최다", 2022년 2월 28일(https://www.
mk.co.kr/news/it/view/2022/02/186483/)

로 계산하면 페이스북 21분, 인스타그램 35분, 유튜브 54분, 틱톡 58분에 비해 로블록스는 156분으로 타의 추종을 불허할 지경이다.[04] 그만큼 적지 않은 수의 이용자가 매우 집중적으로 이 서비스를 이용하고 있다는 의미이며, 이는 메타버스로서 가상세계의 위상이 만만치 않음을 보여주는 현실적 수치라 하겠다.

메타버스는 먼 미래의 이야기가 아니다. 이미 우리 안에 와 있고, 적지 않은 이들이 메타버스 안에서 생활하고 있다. 현대인의 일상사가 되어버린 각종 SNS와 온라인 강의 그리고 각종 화상회의, 국내만 한정해도 15조를 넘어서는 게임 시장의 대부분도 역시 메타버스에 기반해 있다는 것 역시 잊어서는 안된다. 세계적으로 매출 규모 앞줄을 차지하는 기업 중 메타버스를 기반하고 있거나 그쪽으로 방향을 틀고 있는 회사가 한둘이 아니다. 애플, 아마존, 구글, 페이스북 등 이름만 들어도 알 만한 회사들이 대부분 그렇다. 거기에 어릴 적부터 스마트 기기들에 익숙하다 못해 아예 삶의 일부가 되어버린 젊은 세대는 훨씬 메타버스에 빠르게 적응해 갈 것이다. 그들에게 스마트폰을 위시한 다양한 스마트 기기들은 존재의 하나가 되어버렸다. 매클루언(Marshall McLuhan, 1911~1980)의 예언처럼 이제 미디어는 인간의 확장이고, 현생 인류는 바야흐로 호모 모빌리쿠스[05](Homo Mobilicus)가 되었다.

---

04) 〈경향신문〉, "가치 33조원..미 'Z세대의 가상 놀이터' 로블록스", 2021년 3월 8일(https://www.khan.co.kr/it/game/article/202103082159015)

05) 휴대전화가 생활화된 현대 새로운 인간형을 말한다. 김성도, 『호모 모빌리쿠스』(삼성경제연구소, 2008), p.13. 각주 1)번 참조.

2019년 말 세계를 강타한 코로나19는 메타버스의 도래를 십수 년 앞당겼다고 할 수 있다. 감염의 공포는 자연스레 사회적 동물인 인간을 서로 격리하게 했다. 때론 강제적으로 혹은 자발적으로 감염에 대한 두려움은 인간 존재에 각인된 소통의 기재를 철저히 단절했다. 그러나 어떻게든 사회적 관계를 회복하려는 인류의 노력은 메타버스라는 대안을 서둘러 불러내었다. 이미 와있던 메타버스, 그러나 몇몇 이들에게 한정되던 이 미래의 기술이 코로나19의 기승으로 우뚝 우리 앞에 자리하게 된 것이다. 전에는 특별한 생각 없이 사용하던 증강현실과 라이프로깅 그리고 거울세계와 가상현실이 이제 우리 눈앞에서 활발히 작동하는 '실재'였음을 구체적으로 인지하게 된 것이다.

"미래는 이미 와 있다. 단지 널리 퍼져 있지 않을 뿐이다."

(The future is already here. It's just unevenly distributed)

'사이버 스페이스'라는 개념을 만들어 낸 공상과학 소설 『뉴로맨서』(Neuromancer, 1984)의 작가 윌리엄 깁슨이 남긴 말이다. 그의 저 말처럼 그렇게 메타버스는 미래의 얼굴로 이미 우리 옆에 자리하고 있었다. 다만 우리가 그것을 제때, 제대로 인지하지 못했을 뿐이다. 이제 이런 미래를 받아들여야 할 지금 우리의 '상황'은 어떠한지 통계를 통해 살펴보자.

2. 통계가 전하는 우울한 전망

물론 통계는 만능이 아니며 그리고 전지전능하지도 않다. 모든 것의 진단과 그 해법을 통계가 제공하는 것도 아니다. 하지만 적어도 통계는 현실의 '대강'은 알 수 있도록 우리를 안내한다. 그래서 지금의 현실을 살피기 위해서 우리는 부득불 통계를 살핀다. 그렇다면 21세기 우리 사회 종교 현실은 어떠한가? 이 글에서는 2개의 주요한 통계 결과를 이용하고자 한다. 하나는 〈2015년 인구 총조사〉이고, 나머지 하나는 2021년에 행한 정례적인 〈한국갤럽의 종교 관련 통계 결과〉이다. 수많은 통계 결과 중 특별히 이 글에서 주목하고자 하는 부분은 메타버스에 노출이 잦은 젊은 세대의 종교적 성향이다. 이른바 신앙의 '다음 세대'라 불리는 이들의 종교적 성향이 어떠한지 간접적이나마 통계를 도구 삼아 살피도록 하겠다.

우선 2015년 인구 총조사결과이다. 눈에 띄는 것이 무종교인의 증가이다. 2015년 결과는 56.1%로 직전 조사인 2005년도의 47.1%에 비해 무려 9%가 늘어났다. 상당한 정도의 증가 폭이다. 2015년도 세계 종교인 비율이 85% 정도인 것과 비교하여 반수 이상이 무종교인 우리 사회는 상당한 정도로 세속화되고 있음을 확인하게 된다. 세대별 종교인구 비율 감소현황을 살피면, 40대가 13.3%가 감소하여 가장 높았고, 다음이 20대(12.8%), 10대(12.5%) 순이다. 종교가 없는 절대 비율로 따지자면 20대가 64.9%로 가장 높았고, 10대가 62%로 뒤를 잇고 있다. 젊은 세대로 갈수록 신앙생활하는 이들의 비중이 적다는 것은 교회로서는 다음 세대 확보에 적신호가 켜졌다는 의미이기도 하다.

2021년에 행한 한국갤럽의 종교 조사결과도 2015년의 그것과 크게 다르지 않다. 앞선 2015 인구 총조사와 달리 한국갤럽의 조사는 전국 만 19세 이상 1,500명을 대상으로 실시한 조사이다. 조사결과 무종교인의 비율은 60%로 5년 전 인구 총조사의 56.1% 보다 더 늘어났다. 현재 믿고 있는 종교가 있다는 응답 역시 한국갤럽의 자체 조사결과만 봐도 2004년 54%에서 2014년 50%로 다시 2021년 40%로 계속 줄어들고 있다. 나이 별 종교인 비율을 살피면, 60대 이상이 59%, 50대가 43%, 40대가 32%, 30대가 30%, 19~29세가 22%이다. 특히 20~30대에서 종교인의 감소가 가파르게 진행되고 있다. 2004년 45% 정도의 종교인 비율을 유지했던 20대가 10년 후 30대가 된 2014년 조사에선 38%로 감소하였고, 2021년 조사에서는 32%로 계속 줄어들고 있다. 이는 우리 사회 20~30대의 탈종교 현상이 매우 빠르고 광범위하다는 것을 보여준다. 거기에 더해 종교의 사회적 영향력에 관한 물음에 증가하고 있다는 답을 한 비율이 2004년 54%에서 2014년 47%로, 그리고 2021년에는 18%로 급격히 하락하고 있다. 안 그래도 젊은 세대의 탈종교화가 진행되고 있는 상황에 지난 수년간의 코로나 시국은 이를 더 가속했다고 해석할 수 있는 대목이다.

요즘 2030 세대를 흔히 MZ세대라 부른다. 1980~1994년 사이에 태어난 밀레니엄 세대와 1995년 이후 출생한 Z세대를 통칭하는 용어이다. 이들 MZ세대의 특징은 다음과 같이 6가지 정도로 구분할 수 있다.[06] ① 디지털 환경에 대한 친화성 ② 온라인 커뮤니케이션의 선호 ③ 소유보다 경험을 중시 ④ 소비성 '플렉스(Flex)'문화 향유 ⑤ 재미를 우선하는 펀슈머 ⑥ 신념을 표출하는 '가치 소비'추구. 이들 세대야말로 스마트폰을 손에 들고 태어나거나 철들자마자 스마트폰을 손에 쥔 세대이다. 기존 세대보다 훨씬 강한 개인주의적 성향을 지녔고, 앞서 언급한 메타버스에도 익숙한 세대이다. 그리고 가장 종교로부터 거리가 먼 세대이기도 하다. 이들은 라이프로깅 세계를 통해 이웃과 소통하고, 거울 세계를 통해 소비하며, 증강현실과 가상세계를 통해 여가를 즐긴다. 생활 대부분을 메타버스 안에서 처리해도 큰 불편을 느끼지 않는 세대이고 앞으로도 이러한 경향은 더 강화될 것이다.

그런데 이들 세대가 가장 비종교적이다. 교회 역시 이들을 위한 자리가 마땅치 않다. 그런 점에서 메타버스는 한국교회로서는 미래 세대, 혹은 다음 세대를 위한 적절한 선교 도구가 될 수도 있다. 적잖은 2030 세대가 모여있는 사회적 공간이 바로 메타버스이기 때문이다. 그렇다면 교회는 메타버스를 어떻게 선교를 위한 도구로 활용할 수 있을 것인가?

---

06) 〈파이낸스뉴스〉 "'굿즈' 마케팅...개성 강한 2030 세대 마음 훔친다", 2021년 12월 14일 (http://www.fnnews1.com/news/articleView.html?idxno=89544)

3. 메타버스는 적절한 대안이 될 수 있을까?

신앙생활 고무에 메타버스를 위시한 여러 온라인 매체를 활용하려는 시도는 여럿 있었다. 가톨릭 성당의 미로를 온라인 세계로 옮겨놓은 사례(http://www.labyrinth.org.uk/)도 있으며, 이슬람 같은 경우는 가상으로 순례를 체험할 수 있는 서비스(Virtual Hajj)를 이미 2007년부터 제공하고 있다.

코로나19의 확산 이후 한국교회 대부분도 과감히 메타버스를 목회 현장에 도입, 활용하고 있다. 대표적인 것이 유튜브를 통한 예배 실시간 송출이다. 전에는 생각도 못 했을 일이 바이러스의 침공 덕에 강압적으로 혹은 마지못해 시작하게 되었다. 그러나 유튜브 실시간 예배 송출은 세대 별 그리고 교회의 온라인 방송 인프라 여부에 따라 격차가 상당했다. 스마트 기기의 활용이 자유로운 젊은 세대들에겐 유튜브 예배 참여가 큰 문제 없었지만, 규모가 작은 교회나 온라인 방송 송출 장비가 열악한 개척교회, 그리고 상대적으로 스마트 기기 작동이 버거운 노년층에겐 이마저도 쉽지 않았다. 예배 외에도 교회는 다양한 기기와 프로그램을 활용하여 교회 내 소규모 모임도 이어갔다. 줌이나 구글의 듀오 등 화상회의 프로그램이나 앱을 이용하여 구역모임이나 소모임 그리고 교육기관의 행사 등을 꾸려나갔다. 이에 대한 한국교회의 반응은 어떠할까?

2021년 목회데이터 연구소는 온라인 종교집회 만족도에 대한 설문 결과를 발표하였는데, 그 결과가 흥미롭다. 코로나19 이후 진행 중인 온라인 예배에 대한 만족도가 83%로 현장 예배 89%에 비해 크게 낮지 않은 것이다.[07] 생각보다 온라인 예배 적응도가 높다는 조사결과이다. 다른 조사에서는 코로나 이후 교회가 집중해야 할 사업에 대한 물음이 있었는데, 여기서는 목회자와 일반 신자 사이의 차이가 보인다. 우선 목회자는 '현장 예배 강화'에 45%가 지지한 데 반해, 일반 신자는 38%가 '온라인 시스템 구축과 온라인 콘텐츠 개발'을 선택했다.[08]

이는 한국교회 일반 신자들은 어느 정도 온라인 예배 환경에 적응했다는 뜻이겠고, 이 대목은 향후 한국교회 목회자가 눈여겨 살펴볼 부분이다. 어쩌면 코로나 이후에도 특정 세대는 코로나 이전과 같은 식의 현장 예배에 적극적으로 참여하지 않을 가능성이 크다는 말이 될 수도 있기 때문이다. 앞서 살펴본 통계 부분에서 이미 우리 사회의 2030이 보여준 가파른 세속화 흐름은 이러한 진단에 힘을 실어주기도 한다. 따라서 안정적으로 신앙의 다음 세대를 육성하기 위해서 교회는 진지하게 메타버스를 대안으로 고민해야 할 시점에 와 있다고 할 수 있겠다.

30대 이하, 특히 10~20세대의 탈종교화가 가속되는 상황에 어떻게 하면 이들을 교회로 불러들일 수 있을까? 이들이 교회 방문을 꺼리거나 불편해한다면, 이들이 모여있는 공간에 교회가 찾아가는 것이 순리 아닐까? 이런 맥락에서 메타버스 내 교회 설립도

---

07) 목회데이터연구소, 〈넘버즈〉 108호(2021년 8월), (http://www.mhdata.or.kr/bbs/board.php?bo_table=koreadata&wr_id=159&page=2)
08) 목회데이터연구소, 〈넘버즈〉 109호(2021년 8월), (http://www.mhdata.or.kr/bbs/board.php?bo_table=koreadata&wr_id=160&page=2)

진지하게 고려할 필요가 있다. 이미 수십 년 전부터 '온라인 교회' 혹은 '인터넷 처치'라는 이름으로 사이버공간에 교회를 설립하는 다양한 시도가 있었지만, 제대로 자리를 잡은 경우는 흔치 않았다.

메타버스 내 교회 설립은 매력적인 부분이 분명 있다. 우선 교회 설립을 위한 재원 마련의 부담이 적다. 오프라인에서 교회를 개척하려면 공간 확보만으로도 적잖은 비용이 필요하다.[09] 수도권이나 대도시 지역에 목적한 바가 있어 교회를 설립하려면 임대료만 해도 목회자에겐 큰 부담이 된다. 반면, 메타버스나 사이버공간에 설립하는 교회는 플랫폼 사용료 정도만 지급하면 되기에 큰 부담 없이 시작할 수 있는 장점이 있다. 그런 점에서 분명한 목회 철학을 지닌 신진 목회자에게 메타버스는 훌륭한 대안이 될 수 있다. 단독 혹은 팀으로 기존 거주 공간 이외의 다른 공간을 마련하지 않고도 이미 서비스되고 있는 각종 메타버스 플랫폼을 활용하여 자신만의 목회를 수행할 수 있기 때문이다.

또 다른 장점은 공간의 제약이 없고, 국경이 따로 필요 없는 메타버스의 특성을 충분히 활용한다면 "세계가 나의 교구다!"란 웨슬리의 구호가 현실이 될 수 있을 것이다. 예배와 집회 중심의 프로그램은 유튜브를 통해 실시간 혹은 녹화 동영상으로 송출

---

09) 최근 이런 어려움을 극복하려는 방법으로 '공유 예배당'이 활성화되고 있다. 예배당 건물 하나에 여러 개의 교회가 함께 시간을 정하여 예배를 드리는 방식이다. 총 7개 교단 9개 교회가 시간을 나누어 같은 공간에서 예배를 진행하고 있다. 〈동아일보〉, "'예배당도 소유에서 공유로'- 한 지붕 아홉 교회", 2021년 4월 19일(https://www.donga.com/news/Culture/article/all/20210419/106471521/1)

할 수 있을 것이다. 동영상으로 올릴 때 필요에 따라 영어나 기타 외국어 스크립트를 첨부한다면 세계인이 큰 어려움 없이 메타버스 교회의 예배 현장에 참여할 수 있을 것이다. 최근 인공지능의 발달로 유튜브를 비롯한 각종 멀티미디어 플랫폼의 자동번역 기능이 개선되고 있어 이후 모국어가 아니어도 실시간 예배 참여가 가능하겠고, 이는 큰 비용 들이지 않고도 글로벌한 사역을 할 수 있는 기회이기도 할 것이다.

이렇게 교회를 설립한다면, 각자 다른 역량을 지닌 목회자들이 팀으로 사역하는 것이 매우 효과적일 수 있다. 공간도 임대료 부담이 적은 곳에 적당한 사무실 공간 정도만 확보해도 될 것이다. 거기에 필요한 장비와 온라인 접속 회선에 약간의 사무실 유지비와 활동비 정도만 있으면 메타버스 내 교회 설립은 가능해진다. 팀으로 뭉친 사역자들은 회의를 통해 신앙 초대에 필요한 다양한 콘텐츠들을 기획하고, 이를 지속해서 온라인 플랫폼에 업로드하는 것이 새로운 형식의 사역 현장이 될 것이다.

신앙 콘텐츠는 각 플랫폼의 특성을 파악하여 젊은 세대가 주목할 수 있는 방향으로 기획되어야 할 것이다. 보통 유튜브 내 인기 있는 콘텐츠는 5분을 넘어서지 않는다. 긴 호흡을 좋아하지 않는 MZ세대의 특징이 유튜브 시청 방식에도 그대로 드러나는 것이다. 따라서 신앙 관련 콘텐츠도 동영상이면 되도록 5분~10분 사이에서 제작하는 것이 유용할 것이다. 더 많은 이들에게 노출되기 위해선 본 콘텐츠를 압축하여 30초 이내로 정리한 쇼츠(Shorts)나 틱톡을 활용하는 것도 좋은 선택일 것이다. 그러기 위해선 멀티미디어 문법에 충실한 콘텐츠를 제작해내야 할 것이다. 페이스북이나 인스타그램, 트위터 등 여러 SNS는 새로 설립한 메타버스 교회를 홍보하고 알리는 도구로 활용하기에 적격이다.

　메타버스 교회의 또 다른 장점은 상호 소통이 원활하다는 것이다. 그것도 실시간과 비동시적 소통 모두 가능한 것이 메타버스 공간이다. 지금까지 교회의 행사는 대부분 일방향적이다. 예배당의 구조도 중앙 집중식으로 되어 있고, 높은 강대상에 모든 순서는 목회자의 손에서 진두지휘되었다. 그래서 1시간에서 1시간 30분 정도 걸리는 예배 시간 내내 신자들은 수동적 위치에 머물 수밖에 없었다. 예배 외의 교회 행사도 이와 크게 다르지 않다. 교회의 규모에 따라 다르긴 하겠지만 복수의 목회자가 각자 맡겨진 부서나 팀의 수장이 되어 공예배 때와 거의 같은 방식으로 일방적 진두지휘하는 것이 한국교회의 익숙한 장면이다.

　하지만 메타버스 내 다양한 도구를 활용한다면 이러한 일방성은 어느 정도 해소될 수 있으며, 신자들이 처한 상황과 요구를 실시간 청취 가능할 것이며 더 나아가 설교 역시 쌍방적 소통이 될 수도 있을 것이다. 주중에 다양한 메신저와 SNS 앱을 통해 신자들의 요구사항을 청취한 뒤 목회자 회의를 통해 검토하고 정리된 것을 교회 콘텐츠 제작에 반영하여 예배와 교회 행사를 통해 구체화하는 것이 반복된다면 교회 내 만족도가 올라갈 수 있을 것이다.

　최근 들어 이런 구도 하에 개척되는 온라인 교회가 생겨나고 있다. 기성 교단에서도 2021년 6월 세종시에 '코칭선교교회'(홍

삼열 목사)가 온라인 교회로 개척되었다.[10] 온라인 교회답게 설립 예배도 줌을 이용해 진행되었다. 또 다른 형태이긴 하나, 기존 교회에서 외연 확장을 위해 온라인 교회를 설립하는 예도 있다. 역시 기성 교단의 대표 교회인 중앙교회(한기채 목사)에서 유튜브라는 플랫폼에 한정되긴 하지만 예배 및 다양한 교회의 콘텐츠 제공과 외국인 선교를 위해 'On The Moving Church'를 설립하였다.[11] 코로나 시국 하에 기존 오프라인 교회공동체의 손길이 미치지 않는 영역을 보완하기 위한 선택으로 해석된다. 온라인과 오프라인 교회공동체를 효율적으로 운영하는 한주교회(https://www.1-ju.org/)도 눈여겨 볼만한 시도라고 할 수 있다. 한주교회는 메타버스 관련 기술과 플랫폼을 적극적으로 활용하여 예배 중계는 360도 VR 카메라를 사용하여 현장감을 높였고, 설교 시간에는 단톡방을 통해 실시간으로 설교자와 청중이 소통할 수 있도록 하고 있다. 그 밖에 신앙생활에 필요한 콘텐츠를 꾸준히 교회 홈페이지와 유튜브를 통해 제공하고, 이를 통해 신자들의 신앙생활 활동을 지원하고 있다. 아울러 현장 예배의 가치를 이어가기 위해 가정별 개개인이 직접 참여하는 가정예배를 확산하기 위해 〈가정예수밥상〉이란 이름의 안내서를 매주 제공하고 있다. 가정예배를 위해 교회에서는 5분 길이의 메시지 동영상을 제공하고 그 밖의 찬양과 순서 일체를 제공하고 있어 교회 생활에 익숙하

---

10) 〈한국성결신문〉, "코칭선교교회 세종시에 설립", 2021년 6월 29일 (http://www.kehcnews.co.kr/news/articleView.html?idxno=139827)
11) 〈한국성결신문〉, "중앙교회, 온라인 교회 세워", 2021년 1월 27일 (http://www.kehcnews.co.kr/news/articleView.html?idxno=138596)

지 않은 초보자라도 큰 어려움 없이 예배에 참석할 수 있도록 배려하고 있다. 가정예배의 마무리는 인증사진을 찍음으로써 교회 공동체의 소속감 확인과 예배의 지속성을 강조하는 방식을 택하고 있다.

이렇게 코로나 시국은 한국교회의 새로운 목회 가능성을 타진하는 계기가 되고 있다. 앞서 몇 사례를 들긴 했지만, 지금까지 온라인 내 교회 설립은 실패하는 경우가 많았다. 초기 설립이 수월하고 적은 비용이 드는 분명한 장점이 있긴 하지만, 신앙생활이란 것이 본디 공동체에 기반하고 있기에 인격적 접촉이 어려운 온라인 공간의 교회 생활은 제한적일 수밖에 없기 때문이다. 익명으로 만나는 자유로움은 있겠지만 인격과 인격이 만나 공감하고 감동하는 과정이 생략되거나 축소될 수밖에 없는 구조라서 온라인 교회나 신앙 공동체는 하나의 유행처럼 지나가는 경우가 태반이었다.

그러나 코로나 시국은 이 모든 것을 원점부터 다시 생각하게 했다. 2년이 넘도록 세계적 팬데믹을 몸소 겪다 보니 비대면 신앙생활은 이제 선택이 아니라 보조적 대안으로 반드시 갖춰야 할 무엇이 되어버렸다. 그런 점에서 온·오프가 겸비된 한주교회나 오프라인교회를 기본으로 사역 확장을 위해 온라인 교회를 설립한 중앙교회의 사례가 코로나 이후 한국교회의 좋은 모범이 될 수 있을 것이다. 아울러 그런 교회 내 적극적으로 메타버스를 활용하려는 시도는 가파른 탈 종교화를 보이는 한국 사회 10-20-30세대 선교를 위해 좋은 대안이 될 수 있을 것이다.

4. 닫는 글

메타버스를 이리 우리 앞에 가까이 오게 한 것은 코로나19이다. 감염병의 침공이 인간 공동체의 비대면 시대를 열었고, 메타버스는 그 대안으로 착실히 자리를 잡아가는 중이다. 이전 특정 세대, 그것도 게임류와 거기에 기반한 서비스 유통 산업 등에 국한되었던 메타버스 세계에 집합적 행사가 많을 수밖에 없는 교육계와 종교계가 탑승하기 시작한 것이다. 그리고 MZ라 불리는 미래 세대는 다른 계층보다 훨씬 메타버스에 집중되어 있어서 이들과 접촉점을 찾기 위해서라도 교회는 메타버스를 더는 무시하거나 지나칠 수 없을 것이다.

메타버스는 선교를 위해서도 매력적인 공간이기도 하다. 우선 비용적인 면에서 그렇다. 많은 것을 갖추고 시작해야 하는 오프라인의 사역보다 메타버스의 그것은 진입의 장벽이 그리 높지 않다. 누구나 참신한 아이디어와 그것을 구현할 역량만 있다면 분명한 사역의 진로를 얻을 수 있기 때문이다. 다만, 메타버스 안에서 어느 정도 자리를 잡고, 알려질 수 있는 기간 정도 교단을 위시한 교계의 상급 기관이 법적, 재정적 지원을 일정 부분 해준다면 차세대 목회자의 목적 있는 사역지로서 메타버스는 근사한 대안이 될 수 있을 것이다.

그렇다고 메타버스가 장밋빛 탄탄대로인 것만은 아니다. 아바타로 불리는 사이버 자아에 기대어 활동할 수밖에 없는 메타버스 공간에서 본래 자아와의 간극을 어떻게 메울 것인가는 지속되는 과제일 수 있다. 신체적 한계가 사라지고 무한대에 가까운 자유를 획득할 수 있는 메타버스의 장점이 있는 대신, 본래 자아의 책임성이 쉽게 실종될 수 있는 단점도 분명하기 때문이다. 이에 대한 신학적 반성과 성찰 역시 필수요소라 할 것이다. 그 밖에 신학적으로 검토해야만 하는 많은 문제가 도사리고 있다. 메타버스 교회가 설립되었다 하더라도 신체적 인격체가 배제된 예배나 성만찬 의식을 본래적인 것으로 받아들일 수 있는지 아닌지 등 메타버스의 선교와 사역은 반드시 교회공동체의 신학적 성찰을 수반해야 할 것이다.

이런 면에서 오로지 메타버스 공간에만 국한된 사역보다는 오프라인 교회의 한계를 보완하는 대체적 매개로 이를 활용하는 것이 현시점에서는 합리적이라 할 수 있겠다. 오프라인 교회를 거북해 하는 특정 세대를 아우르고 돌보기 위한 대안으로 메타버스 신앙 공동체는 충분히 제 기능을 할 수 있을 것이기 때문이다. 이에 대해서는 앞서 살펴본 한주교회나 중앙교회의 사례도 이 경우에 속한다고 하겠다.

메타버스 선교에 효율적으로 접근하기 위해선 신학교육에서도 일정 부분 변화가 불가피하다. 목회자 기초 소양에 필요한 신학교육은 물론이고 메타버스 내 다양한 콘텐츠를 개발, 생산할 수 있는 교육 역시 필요하다. 전통적 신학교육 아래 수준 있는 온라인 콘텐츠를 생산해 낼 수 있도록 다양한 학제 간 교육을 신학교육 현장에서 이뤄진다면 다음 세대를 위한 사역 준비로선 최상이라 하겠다. 즉, 그림2)와 같이 신학 교육과정을 다원화한다면 미래 세대를 위한 사역자 육성에 도움이 될 것이다.

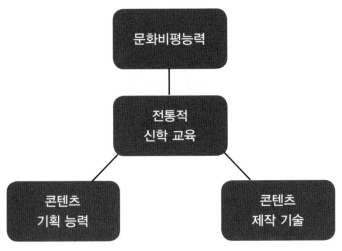

그림 2) 메타버스 선교를 위한 신학교육

미래사회는 멀지 않다. 윌리엄 깁슨이 말처럼 이미 우리 옆에 와 있을지도 모른다. 따라서 이에 대한 준비는 지체할 수 있는 것이 아니다. 교회는 그리고 신학은 늘 동시대와 소통하며 복음의 케리그마를 전하는 데 최선을 다해오지 않았는가. 메타버스 역시 그 경우와 크게 다르지 않다. 제대로 된 준비와 철저한 교육적 대비가 메타버스가 떠오르는 지금, 교회공동체가 취해야 할 올바르고 시급한 자세라 할 것이다.

V

위드코로나 시대와 교회

2019년 12월 31일. 중국 우한(武漢)지역을 중심으로 확산하던 폐렴성 질환이 코로나19였음이 공적으로 확인[01]되었다. 이후 인류는 금세기 들어 최악이라 불려도 지나치지 않을 상황을 맞게 되었다. 코로나19가 세계적 대유행으로 맹위를 떨치기 전만 해도 인류의 미래는 장밋빛 탄탄대로를 걸을 것만 같았다. 저마다 미래 산업을 이야기하며 4차 산업혁명을 운운했으며 인공지능과 빅데이터가 가져올 화려한 미래를 앞다투어 선전하기 분주했었다. 그러나 불시에 등장한 80-100 나노미터[02](nm)에 지나지 않은 이 작디작은 허술한 유전정보 덩어리가 인류를 공포의 도가니로 몰고 가 버렸다.

2020년 초. 코로나19의 무자비한 침공에 대책 없이 당하기만 했던 지구촌의 묵시론적 장면이 여전히 기억에 선명하다. 지구촌에 남아있는 유일한 슈퍼파워인 미국은 늘어나는 코로나19 사망자를 제대로 처리하지 못해 무연고 시신부터 뉴욕시 브롱크스 북동쪽에 위치한 하트섬에 집단 매장[03]하기에 이른다. 매장할 곳을 찾지 못한 수백여 구의 시신이 1년이 넘도록 제대로 장례도 치르지 못하고 냉동 트럭 신세를 지고 있다는 기사[04]가 2021

---

01) 이에 관한 정보는 다음 링크를 참조하라. https://www.who.int/emergencies/diseases/novel-coronavirus-2019/question-and-answers-hub/q-a-detail/coronavirus-disease-covid-19, 2021.11.07.

02) 나노미터는 미터(m)의 십억분의 일에 해당하는 길이의 단위이다.

03) 뉴욕의 하트섬은 포로수용소, 정신병동, 노숙인 쉼터 등 주로 기피 시설이 들어섰던 곳이고 이후 오래도록 무연고 시신을 안치하는 장소로 사용해 왔다. 코로나19 확진 사망자가 급증하게 되자 무연고 시신부터 이곳에 매장하기 시작하였다. https://www.donga.com/news/Inter/article/all/20200410/100601045/1, 2021.11.07.

04) https://m.yna.co.kr/view/AKR20210510118700009, 2021.11.07.

년 전반부에까지 오르는 상황이니 그나마 하트섬에 안장된 이들은 행운이라고 할 수 있을 정도다. 이런 우울한 그림 속에 2021년 11월 7일 정오 현재 코로나19가 세계에 가져온 수치는 총 250,363,852명의 확진자와 5,062,243명의 사망자이다. 치명률은 2.02%에 이르며 이는 매년 반복되는 유행성 독감의 0.04~0.08%와는 비교할 수 없을 만큼 높은 수치다. 우리나라의 코로나19 치명률은 0.78%로 세계 평균보다 훨씬 낮으며 다른 나라에 비해 안정적으로 감염병에 대응한다 할 수 있으나, 이 수치 역시 유행성 독감보다는 월등히 높다.

사정이 이러하니 지난 2년 동안 세계의 모든 사회적 이슈와 아젠다는 코로나19가 블랙홀이 되어 흡수해 버렸다. 정-관-학문계 모두 가릴 것 없이 코로나19 이슈와 이에 대한 대응 전략 찾기에 여념이 없었던 것이 지난 2년의 세월이었다. 이점에서 종교계도 예외일 수는 없다. 코로나19 팬데믹이 전개되자 실제로 적잖은 피해와 곤란을 겪게 된 것이 종교계이기도 하기 때문이다. 종교는 기본적으로 사회적이고 집합 지향적이다. 종교 의례가 그렇고 교리의 지향점 역시 공동체 유지와 확산에 방점을 찍고 있기 때문이다. 그런데 치명적인 바이러스의 대유행 때문에 집합 행사가 원천 차단되었고, 그나마 진행되던 행사도 이전보다 눈에 띄게 축소되어 실시될 수밖에 없었다. 코로나19가 가져온 변화에 종교계의 우선적 대응은 온라인 서비스망의 활용이었다. 유튜브를 비롯해 기존 실시간 동영상 스트리밍 서비스 플랫폼을 활용하여 예배나 미사 그리고 법회를 실황 중계하는 방식을 택한 것이다. 종교계는 그런 식으로 제한된 집합 예배의 활로를 모색해갔다. 종교계의 이 같은 대응은 시의적절한 것이고 또 불가피한 선택이었다고 할 수 있다. 그러나 종교계 대부분이 온라인 플랫폼 '활용'에만 집중하였지, 코로나19가 가져온 세밀한 변화의 구조와 의미를 '분석'하는 데는 민감하지 못한 것 또한 사실이다. 우리의 논의는 바로 이 지점에서 시작하고자 한다. 이 논문은 감염병 대유행이 가져온 종교계의 변화를 사회문화적 맥락 속에서 자세히 검토·분석하고, 그에 따라 어떠한 맞춤형 대응 전략을 세워야 할 것인지를 살펴볼 것이다.

이런 관점 아래 우선적 아젠다로 선택한 것이 '사람'과 '공간'이다. 감염병은 사람에게 '상처'를 주었다. 코로나19가 준 상처는 몸에만 한정되지 않는다. 이 병의 직접적 피해자뿐만 아니라 이를 지켜보던 이들도, 그리고 보도를 통해 이 질병을 인지한 이들도 세계적 규모의 공포 가운데 마음의 상처를 입게 되었다. 이런 마음의 '트라우마'는 인간의 실제 행동에도 영향을 준다. 이 논문에서는 이를 '혐오'라는 핵심어로 살펴보고자 한다. 어느 시대이건 감염병의 대유행이 있던 때는 대부분 사회적 규모의 혐오 현상이 발생했다. 코로나19 팬데믹 역시 이와 다르지 않았다. 초기 아시아인에 대한 서구인의 혐오증과 특정 종교인에 대한 거부감 등 코로나19 역시 사회적으로 다양한 혐오증을 양산한 것을 지난 2년의 세월이 증명하고 있다. 따라서 혐오란 코드는 교회로서는 반드시 살피고, 헤아려 필요한 대책을 세워야 할 대상이라 할 수 있다. 이 논문이 두 번째로 주목하고 있는 부분은 '종교 공간'

이다. 지금까지 종교 공간 대부분은 대형 집회를 목적으로 건축되었다. 그래서 수백, 수천, 수만을 수용하는 대형 홀을 중심으로 예배 공간을 조성해왔는데, 집합 행사가 어려워진 감염병 팬데믹 이후 종교시설과 예배 공간에 대한 전략적 대응은 어떠해야 하는지 이 논문을 통해 시론적이나마 다루어 보려고 한다.

이런 구도 아래 이 논문은 혐오의 극복과 종교 공간의 새로운 활용을 중심으로 위드-코로나 시대 교회의 대응 전략을 모색할 것이다. 논지의 전개는 사회문화적으로 혐오와 종교 공간의 의미를 살피고 이후 되도록 구체적이고 실천 지향적 대응책을 탐색할 것이다. 향후 교회는 코로나19가 가져온 여파와 영향을 자세히 검토하여 신앙생활과 교회 운영의 전반을 전방위적으로 점검해나가야 할 것이다. 그런 점에서 사회적 혐오와 종교적 공간 활용에 국한된 이 논문은 위드-코로나 시대를 준비하는 시론적 성격이 크며, 이후 진행되는 관련된 논의의 출발점이라 하겠다.

1. 감염병과 사회 변화 그리고 종교

의사이자 역사가인 독일 출신 저술가 게르슈테(Ronald D. Gerste, 1957~)는 2019년 『질병이 역사를 만드는 방식』[05](Wie Krankheiten Geschichte Machen)을 출간했다. 그는 책에서 인류의 역사와 질병

---

05) 이 책은 강희진에 의해 『질병이 바꾼 세계의 역사』(서울: 미래의창, 2020) 번역 출간되었다.

간의 상관관계를 이십여 개의 에피소드로 살피고 있다. 알렉산드로스 대왕부터 14세기 유럽의 페스트, 19세기 말 아시아를 강타한 콜레라, 그리고 20세기 초반 악명 높았던 스페인 독감까지 감염병은 늘 인류 가까이서 적잖은 영향력을 유지하고 있었다. 그러니 게르슈테는 "질병과 역사의 물결 사이에는 모종의 상관관계가 존재한다"[06]고 단언하기에 일말도 주저하지 않는다. 이처럼 감염병은 인류의 역사와 같은 배를 타고 있다.

인류에게 감염병이란 불청객은 농업혁명과 더불어 찾아왔다. 농업혁명은 인류의 거주 환경을 급격히 바꾸었다. 농업은 노동집약적 산업이다. 따라서 많은 이들이 함께 모여 큰 공동체를 이루는 것이 농업이란 산업에선 필수적이었고, 그에 따라 인류는 농업 활동 시대에 이르러선 수렵채집 때보다 훨씬 큰 규모의 공동체를 이루어 살게 되었다. 거기에 더해 이전에는 없던 상황이 생겨났는데 바로 가축을 키우기 시작한 것이다. 집약된 노동력이 필요한 농업에 인간보다 월등한 근력을 지닌 동물은 매우 요긴하였고, 이 때문에 자연스레 야생 포유류의 가축화가 시작되었다. 이후 명확히 구별되었던 인류와 동물의 거주 공간이 겹치거나 밀착되는 상황이 늘어났다. 자연 상태에서는 동거할 수 없던 인간과 동물이 한 공간 안에 머물게 되었고, 그만큼 이 두 종 사이의 접촉이 이전과는 비교도 할 수 없을 정도로 활발해졌고 일

---

06) Ronald D. Gerste, *Wie Krankheiten Geschichte machen*, 강희진 역, 『질병이 바꾼 세계의 역사』(서울: 미래의창, 2020,8),

상화되었다.

농업이 가져온 이러한 생활환경의 변화는 곧바로 감염병에 취약한 구조가 되었다. 얼핏 농업의 발전이 인간 생활에 꽤 긍정적으로 작용했고, 그로 인해 인구가 급속히 늘어났을 것으로 생각할 수 있겠지만 현실은 그와 달랐다. 이전보다 훨씬 밀착된 거주공간, 가축과의 공생으로 생겨난 인수공통감염병(Zoonoses)의 등장은 당시 인류에겐 치명적이었다. 가축을 매개로 한 인수공통감염병은 이전 인류 공동체 사이에 돌던 감기 류 정도의 유행병과는 비교도 할 수 없을 정도의 파괴력을 갖고 있었기 때문이다. 천연두, 홍역, 결핵 등은 소로부터 유래하였고, 돼지로부터는 백일해와 인플루엔자를 얻었다. AIDS의 시작도 아프리카에 서식하는 야생 원숭이가 가진 바이러스였고, 최근 맹위를 떨치고 있는 코로나19 역시 그 시작은 야생 동물일 것으로 추정하고 있다. 지금까지 알려진 인수공통감염병의 숫자만 100여 종을 헤아리니[07] 농업혁명은 인류에겐 약과 독을 동시에 준 역대기적 사건이었다 할 수 있겠다.

그렇다면 왜 인류는 이전의 수렵과 채집을 버리고 농업을 선택했을까? 연구자들 사이에 여러 논란의 여지가 있긴 하지만, 제레드 다이아몬드(Jared M. Diamond, 1937~)는 그의 기념비적인 저서 『총, 균, 쇠』에서 다음과 같이 기술하고 있다.[08] 우선 야생 먹

---

07) 윤익준, "인수공통감염병 예방 및 관리의 법적 문제", 「법과 정책연구」 제18권 제3호(한국법정책학회, 2018), 102.
08) 이하 다이아몬드의 설명은 다음을 참조하였다. Jared M. Diamond, *Guns, Germs, and Steel*, 김진준 역, 『총, 균, 쇠』(서울:문학사상사, 2013), 168-170.

을거리의 감소 때문이었다. 홍적세[09] 말기 대형 포유류 대부분이 멸종함으로써 수렵인의 식량원이 눈에 띄게 줄어들었고 이는 생업을 사냥에서 농업으로 전환케 하는 결정적 동기가 되었다는 것이다. 둘째, 작물 가능한 야생 식물이 늘어났고 셋째, 농업 활동에 필요한 여러 기술의 지속적 발전을 들 수 있다. 낫, 바구니, 절구, 공이, 맷돌, 벽토 등 다양한 기술이 발전하면서 농업 발전을 견인하였다. 넷째, 식량 생산과 인구 밀도 사이의 상관관계다. 이것의 선후 문제는 논란의 여지가 있긴 하지만, 인구 밀도의 상승은 식량 생산의 필요성을 높였고, 이것이 농업의 발전을 가져왔을 것이라는 추론이다.

이렇게 농업은 인류의 역사에 자리 잡았고, 이후 사회의 규모는 이전보다 비교할 수 없을 정도로 커졌고, 아울러 감염병이 대유행할 가능성 역시 커졌다. 실제로 대규모의 감염병 유행은 인류의 역사를 뒤흔들어 의도치 않은 변화를 이끌기도 하였다. 지중해 지역을 제패했던 로마제국 역시 감염병의 침공에 자유로울 수 없었다. 서기 180년 마르쿠스 아우렐리우스(121~180) 황제마저 감염병의 희생으로 사망하였고, 역사가들은 이 역병의 정체를 천연두로 추정하는데 대략 5백만 명의 인명이 절멸한 것으로 파악하고 있다. 14세기에는 흑사병이라 불리는 선페스트가 대유행하여 당시 유럽 인구의 3분의 1이 사망했다. 19세기 전반

---

09) 홍적세는 플라이스토세(Pleistocene)를 말하며 약 258만 년 전부터 1만 년 전까지의 지질 시대이다.

부(1816~1826) 아시아에 콜레라가 돌아 천만 명 이상의 희생자를 낳았다. 20세기 초반 세계를 강타한 스페인 독감의 희생자 또한 수천만 명을 헤아린다. 이토록 감염병에 따른 피해 규모가 천문학적이니 대유행이 지나간 사회는 그 이전과 이후가 확연히 구분되지 않을 수 없었다.

감염병이 가져온 변화가 늘 부정적인 것만은 아니었다. 14세기 유럽의 페스트 대유행 이후 절대 인구수가 감소하여 주인 잃은 토지가 즐비하였고, 이는 페스트를 피해 살아남은 이들에겐 자작농이 될 수 있는 절호의 기회이기도 했다. 페스트가 돌기 전 유럽 사회 전반이 기근과 기아에 내내 신음했던 것과 비교하여 소작할 땅을 갖게 되고 그곳의 소출로 식량을 해결할 수 있게 된 것은 생존자에게는 복음과도 같은 일이었다. 또한 생존자들은 부족한 노동력을 대체하기 위해 기술혁신에 집중하게 되었고, 결과적으로 이러한 변화와 그에 대응하기 위한 노력은 유럽 사회 발전을 위해 주요한 계기가 되었다.[10]

감염병은 사회뿐만 아니라 종교계의 변화에도 한몫했다. 로마를 강타한 두 번의 역병[11] 시기에 사람들은 기독교도를 '파라볼라노이'($\pi\alpha\rho\alpha\beta o\lambda\acute{\alpha}vo\iota$)라 불렀다.[12] 이 명칭은 '위험을 무릅쓰는

---

10) Ronald D. Gerste, 강희진 역,『질병이 바꾼 세계의 역사』, 54.
11) 첫 번째 역병은 165년에서 180년까지, 그리고 두 번째 역병은 249년부터 262년까지의 유행을 말한다. 이에 대해서는 다음 글을 참조 바람. 이상규, "로마 시대 전염병과 기독교인의 대처",「종교문화학보」제17권 제2호(전남대 종교문화연구소, 2020), 37-52.
12) 이상규, "로마 시대 전염병과 기독교인의 대처", 48.

자'라는 뜻인데, 역병의 위세에 눌려 많은 사람이 도피하거나 집안에 격리되어 있을 때 기독교도들은 특유의 사랑과 희생의 정신으로 환자를 돌보고 시신을 수습하였기에 이들을 기리기 위해 붙여진 이름이다. 이들의 헌신으로 역병이 지나간 뒤 신자들에 대한 인식이 바뀌고 이는 로마 사회에 기독교가 정착하고 확산하는데 중요한 요인이 되었다.

16세기 유럽의 종교개혁 역시 감염병이 가져온 변화 중 하나로 거론할 수 있다. 루터가 주도한 종교개혁의 핵심은 성사적 은총론에 치우쳐 있던 로마가톨릭의 신앙해석을 타파하고 대신 성서를 읽음으로 주체적 개인이 신의 은총에 참여할 수 있다는 선언에 있다. 이를 루터는 유명한 개혁의 표어 '오직 은총', '오직 믿음', '오직 성서'로 요약하였다. 루터의 오직(sola)는 로마가톨릭의 '성전'(聖傳)과 '직제'를 통한 은총에 대한 철저한 '거부'이기도 했다. 이러한 루터 종교개혁의 동기 중 하나가 페스트이다. 14세기 유럽을 강타했던 페스트는 백여 년이 흐른 뒤에도 지역별 유행이 번갈아 가며 중세인을 괴롭혔다.[13] 루터의 경우 동생 둘을 페스트로 잃기도 했고, 종교개혁 시기 적잖은 지역이 이 감염병으로 고통받았다. 또한 흑사병의 대유행으로 당시 상당수 사제가 희생된 것 역시 종교개혁의 주요한 요인이 되었다. 공석이 된 사제 자리를 충당하기 위해 자격 없는 이들에게 대거 성당을 맡기

---

13) 종교개혁 시기 페스트의 유행과 영향에 대해서는 다음을 참조하라. 안명준 외, 『전염병과 마주한 기독교』(서울: 다함, 2020), 특히 126-189을 참조하고 각 장의 명칭은 다음과 같다. 10. 루터와 흑사병; 11. 쯔빙글리와 흑사병; 12. 칼뱅과 흑사병; 13. 불링거와 취리히 흑사병; 14. 베자와 흑사병

게 되었고, 이러한 악순환이 세대를 이어 루터 당대에는 로마가
톨릭의 부패가 극에 달했다.[14] 루터의 종교개혁은 이처럼 페스트
유행이 가져온 사회적 변화와 종교심 강화에 한 세대 전에 세상
에 등장한 구텐베르크의 금속활자 인쇄술이라는 새로운 미디어
의 결합이 만들어낸 시대적 결과물이라 할 수 있다.

감염병이 사회와 종교의 변화에 주요한 요인이 된 것은 한
반도 역시 예외가 아니었다. 1886년을 시작으로 1890년, 1895
년, 1902년 등 조선은 반복해서 콜레라 대유행을 겪어내야만 했
다.[15] 당시 조선의 의학으로는 눈에 보이지 않는 미생물에 의한
감염병의 정체와 치료법을 찾아낼 길이 없었다. 정부 차원에서
할 수 있는 일이라고는 여제[16](厲祭) 등 종교적 의례를 통해 고
통받는 시민의 심사에 위안을 주는 처방 정도였다. 하루에도 수
백 명이 절명해가는 참혹한 현실 앞에서 조선의 민중에게 희망
이 된 것은 서양 선교사들의 의술이었다. 당시 조선의 민중은 괴
질의 원인을 귀신에게 두었고 이를 해결하기 위한 방책이라곤 무
속적 의례나 부적뿐이었으니 제대로 된 결과를 얻을 수 없었다.

---

14) 이에 대해서는 다음 논문을 참조하라. 박흥식, "중세 말기 유럽의 성직자와 교회에 미친
흑사병의 영향", 「서양사연구」 44권(한국서양사연구회, 2011), 41-82.; 박흥식, "흑사병
이 잉글랜드의 성직자와 교회에 미친 영향", 「통합연구」 21권 1호(밴쿠버기독교세계관
대학원, 2019), 7-31.; 김병용, "중세 말엽 유럽의 흑사병과 사회적 변화", 「대구사학」 88
권(대구사학회, 2007), 159-181.

15) 옥성득, "전염병과 초기 한국 개신교, 1885-1919", 「종교문화학보」 제17권 제2호(전남
대학교 종교문화연구소, 2020), 5.

16) 무속의 의례로서 제사를 받을 수 없거나 적이 없는 귀신인 여귀(厲鬼)를 위한 제사이다.
당시 이들 무사귀신(혹은 무적귀신)들이 사람들에게 달라붙어 괴질을 발생시킨다고 믿
었기 때문에 감염병이 돌면 여제를 지내 민심을 수습하기도 하였다.

세균에 대한 전문적 지식과 이를 퇴치하는 방법을 알고 있던 서양의 선교사들과 그들이 운영하는 병원은 당시 민중에게는 생명의 보장터이기도 했다. 선교사 언더우드의 요청으로 조선 정부가 "예수병원에 가면 살 수 있는데 왜 죽으려 하는가?"라는 벽보를 서울 시내에 붙일[17] 정도였으니 당시 분위기를 충분히 추정해 볼 수 있다. 한반도의 콜레라 대유행은 기독교에 대한 이미지를 확실히 높여주었고, 이후 기독교가 한국 사회에 안착하는 데 적잖은 도움이 되었다.

이처럼 감염병 대유행은 사회를 흔들고, 종교계의 주도권 역시 바꾸어 버리기도 한다. 고난의 시기에는 기존 종교를 폐기하고 새로운 종교를 수용하는 일이 일어날 수 있기 때문이다.[18] 지난 2년간 지구촌을 흔들고 있는 코로나19의 대유행 역시 이와 다르지 않을 것이다. 의학과 과학의 눈부신 발전 덕에 중세의 페스트 대유행 같은 일은 없을 것이라 낙관했던 인류에게 코로나19의 위세와 그것이 가져온 충격은 상상 이상이었다. 게다가 급속도로 발전한 다양한 커뮤니케이션 도구는 실시간으로 코로나19의 공포를 인류에게 전달하는 역할도 하고 있어 21세기 인류가 받은 심리적 충격은 고대와 중세 사회의 주민들의 그것보다 덜하다고 할 수 없을 것이다. 오감을 통해 촉각적으로 전달되는 코로나19 관련 실시간 속보는 인류에게 심각한 트라우마를 남겼을 것이며,

---

17) 전석원, "1884-1910년의 급성전염병에 대한 개신교 의료선교사업", 「한국기독교와 역사」, 제36호(한국기독교역사연구소, 2012), 251.
18) Rodney Stark, *The Rise of Christiaity*(NY, HarperOne, 1996), 78.

이는 이후 인류의 삶에 심대한 영향을 주는 요인이 되었을 것이다. 따라서 포스트-코로나와 위드-코로나를 준비하는 지금, 더 면밀하게 교회 내 코로나19로 생긴 여파와 영향을 분석하여 코로나19 이후를 대비하는 것이 필요할 것이다.

2. 감염병과 혐오 그리고 교회 포비아

인류는 원인을 알 수 없거나 해법을 찾을 수 없는 사건과 마주하게 되면 두려운 마음이 일어난다. 이처럼 두려움은 미지의 대상에 대한 인간의 첫 번째 반응이라 할 수 있다.[19] 코로나19 역시 다르지 않았다. 아직 확실한 치료제도 나오지 않은 상황에서 충분한 임상실험도 거치지 못한 채 부작용의 위험을 감수한 채 백신접종으로 이 거대한 두려움에 힘겹게 저항하고 있는 것이 지금의 형국이다. 모든 것이 불투명하고 코로나19 이후 지향해야 할 명확한 방향 역시 제시하지 못하고 있다. 인간의 인지적 성향상 미지의 것은 늘 불안하고 두렵기 마련인데, 미래 예측이 어려우니 그에 따른 두려움의 크기도 상당하다 하겠다.

알지 못하는 혹은 알 수 없는 위험이 만들어낸 두려움에 인간이 보이는 일차적 행동양식은 종종 '혐오'로 드러난다. 생존을 위해 인간은 불결하거나 상했거나, 자기 신체에 위해를 가할 만한

---

19) 프라마 바타차리야 외, "'내재된 두려움': COVID-19와 인도의 사회적 낙인 · 타자화", 「국제사회보장리뷰」 Vol. 15(2020 겨울호), 25.

대상에 대해서는 즉각적 혐오 증세를 일으킨다. 생김새나 냄새 등이 매스껍고 불편하고 구토와 회피로 즉각적 반응을 보이는 것은 인간 생존을 위해 필요한 것들이고 이런 일차적 혐오 반응은 유전적 차원의 것이라 볼 수 있다.[20] 예를 들어 고약한 냄새가 나거나, 모양이 심각하게 일그러진 음식들 그리고 본 빛깔이 나지 않은 먹을거리들에 보이는 인간의 회피성 혐오 반응은 자연스러운 것이라 할 수 있다. 오랜 경험을 통해 그렇게 변질하였거나 변색한 음식을 취했을 경우 생존에 심각한 위험이 될 수 있다는 것을 인지했을 것이다. 오염되었거나 상한 음식을 몸속에 들이기 전에 미리 역겨움으로 거부함으로써 생존의 가능성을 높이기 위한 전략은 나름 현명한 선택이라고 할 수 있겠다.

그런데 문제는 유전자 차원에서 진행되는 원초적 대상에 대한 본능적 혐오가 아니라 그것의 '사회적 반응 혹은 투사'에 있다. 인간은 묘하여 실존적 차원에서 이루어지는 생존을 위한 회피 반응 기제가 그대로 사회적 단위로 확대 변종하기도 한다. 중세 페스트 대유행 당시를 예로 들어보자. 당시 유대인들은 성서의 정결 의식을 철저히 준수함으로써 다른 유럽인들에 비해 상대적으로 위생적인 거주 환경을 유지할 수 있었다. 아울러 그들은 정결례에 따라 질병에 걸린 이들의 출입을 삼가고 가택에 일정 기간 격리하는 등 나름의 방역 대응도 수행했기에 페스트 피해의 규

---

20) 박한선, "전염병은 왜 혐오를 일으키는가?", 『SKEPTIC Korea』 21권(스켑틱협회, 2020), 74.

모가 다른 유럽인보다 눈에 띄게 적었다.[21] 그런데 유럽인들에게 유대인의 적은 피해는 좋게 보이지 않았다. 원인을 밝히지 못한 무자비한 페스트의 침공에도 상대적으로 안전한 유대인들을 당시 유럽인은 감염병의 주원인으로 지목해 버린 것이다. 페스트에 대한 공포와 두려움은 혐오의 감정을 불러일으켰고, 한계치를 넘어선 혐오는 폭력으로 변하여 그것을 분출할 대상을 필요로 했다. 바로 희생양[22]이었고, 유대인들이 그 과녁이 되었다. 그래서 당시 유럽인들은 유대인들이 우물에 독을 풀어 페스트가 유행하였다고 믿어버렸고, 이는 곧바로 유대인 폭력의 정당화로 이어졌다.

21세기도 크게 다르지 않았다. 코로나19의 발원지가 중국 우한이었고 이 때문에 중국을 위시한 아시아계 인들은 바이러스 전파자인 양 지목받았고, 이는 곧 사회적 혐오로 확대되어 지구촌 곳곳에서 다양한 폭력 현상으로 나타나기 시작했다. 우선 사망자가 많고 피해가 큰 국가들부터 아시아계 주민에 대한 물리적 폭력이 일어나기 시작했다. 아시아계에 대한 혐오 테러는 코로나19 대유행이 시작된 지 1년여가 지나가도록 여전한 사회문제로 남아있다. 2021년 3월 17일 온라인에 올라온 연합뉴스의 기사[23]에 따르면, 미국 내 아시아계에 대한 혐오 폭력 사건은 2020년 3

---

21) 안명준 외, 『전염병과 마주한 기독교』, 172.
22) 희생양의 영어표기는 'scapegoat'로 우리말로 정확히 옮기자면 '희생 염소'가 맞을 것이다. 그러나 한자어로 염소가 산양(山羊)으로 표기되므로 '희생양'도 크게 잘못된 번역이라 보기도 어렵다. 이 글에선 일반적 용례에 따라 '희생양'으로 표기함을 밝힌다.
23) https://www.yna.co.kr/view/AKR20210317045000009?input=1179m, 2021.11.08.

월부터 매일 평균 11건 정도라고 한다. 대통령까지 나서서 아시아계에 대한 혐오와 폭력을 멈출 것을 호소하고 있지만, 미국 내 혐오가 불러온 폭력 행위는 여전히 진행형이다.

한국의 상황도 썩 좋아 보이지는 않는다. 코로나19 확산 초기 정교한 방역지침이 설정되기 전에 확진자의 개인 정보가 적절히 통제되지 않은 채 공개되면서 한국 사회 역시 혐오의 감정이 올라왔고, 이는 곧 희생양 찾기로 번져갔다. 코로나19에 확진된 이들도 스스로 바이러스에 감염된 것이 아닌데도 마치 죄인이라도 된 양 고개를 들지 못했고, 미확진자들은 권리라도 가진 양 확진자들에 대한 공개적 비판(때론 비난)을 서슴지 않았다.

그러다 대구 신천지 발 대규모 확진자 발생은 코로나19가 불러온 한국 사회의 혐오 정서를 종교계로 향하도록 만드는 결정적 계기가 되었다. 신천지와 기존 정통교회와의 차이를 정확히 인식하지 못하는 일반인들은 이단 종파인 신천지의 폐쇄적 밀착 모임이 신종 감염병의 온상이 되었다고 생각했고, 이는 곧바로 종교계 일반에 혐오의 감정을 투사하는 것으로 확대되었다. 이런 사회적 흐름에 언론계도 일조하였다. 연일 공공 매체에서는 앞다투어 교회발 확진자 수를 보도하였고, 몇몇 시민들과 자영업자들은 교회와 교인에 대한 분노를 공개적으로 표출하기도 하였다. 한 예로 2020년 8월 서울제일교회 발 확진자 수가 폭발하자 인근 식당에서는 교회 관련자들의 출입을 공개적으로 금지하는 안내문을 내걸기도 하였다.[24] 급기야 언론에서는 '교회 포비아'[25]란 용어까지 만들어내며 한국 사회 교회 혐오의 심각성을 보도하였다.

앞서도 살펴보았듯이 공포와 두려움 앞에 인간은 회피적 혐오 증세를 보인다. 그건 자연스러운 일이라 하겠다. 그러나 그것이 사회적으로 투사되어 공통의 인식이 되었을 경우 그 여파의 크기와 무게는 가늠하기 어려워진다. 혐오 관련 유의미한 연구결과로 저명한 미국의 여성 철학자이자 윤리학자인 누스바움(Martha Nussbaum, 1947~)은 배설물, 체액, 사체 등 인간이 동물인 것과 유한하다는 것을 일깨워주는 '원초적 대상'에 대한 혐오는 자연스러운 것이나, 이것이 특정 집단이나 개인에게 확장되면 '투사적 혐오'가 된다고 보았다.[26] 문제는 이러한 투사적 혐오가 지닌 인위성 내지는 조작성이다. 즉, 원초적 혐오 감정이 사회적으로 투사되면서 혐오의 대상이 조작되거나 인위적으로 확대될 수도 있다는 것이다. 특정한 세력이나 의도를 가진 집단에 의해 혐오의 대상이 선정되거나 과대 포장될 수도 있다. 따라서 투사적 혐오에 쉽게 매몰되기보다는 혐오의 요인과 대상에 대한 세밀한 검토

---

24) https://www.joongang.co.kr/article/23858613 #home, 2021.11.08.

25) 포비아(phobia)는 예상하지 못한 상황이나 특정 대상에 대한 공포심을 느끼는 일종의 불안장애를 말한다. 코로나19가 유행하면서 파생된 각종 사회적 혐오 및 공포심 현상을 각종 매체가 포비아라는 접미어를 붙이며 신조어를 양산해 냈다. 2020년 들어 생산된 이런 용어로는 '신천지 포비아', '군중 포비아', '코리아 포비아' 등이 있다. 네이버 검색 결과에 따르면, '교회 포비아'라는 용어는 2020년 7월 17일에 올라온 국민일보 기사인 "교회에 '코로나 주홍글씨' 새기나"에 처음으로 등장한다. http:// news.kmib.co.kr/article/view.asp?arcid=0924148023&code=23111111&cp=nv, 2021.11.9.

26) Martha Nussbaum, *From Disgust to Humanity*, 강동혁 역,『혐오에서 인류애로』(서울:뿌리와이파리, 2016), 54.

와 분석이 무엇보다 필요하다.

이런 맥락에서 교회 포비아 현상은 한국교회로서는 신중하게 관리되고 극복해야 할 과제라 할 것이다. 과대 포장과 망상을 먹고 자라는 투사적 혐오에 매몰되지 않고, 진실적 성찰을 통해 혐오의 주술에서 벗어나려는 노력에 매진하는 것이 지금 한국교회의 당면과제라 할 수 있겠다. 그렇다면 한국교회는 어떤 식으로 투사적 혐오의 질곡을 벗어날 수 있을까?

우선 혐오 감정 발생의 메커니즘을 상기할 필요가 있다. 혐오는 생존을 위한 감정적 표출이며 미지와 불상의 위기에 대한 반응이다. 따라서 불상의 대상이 규명되거나 의문이 해소된다면 투사적 혐오의 왜곡과 과도한 폭력을 어느 정도는 제어할 수 있을 것이다. 지금 가장 큰 문제는 코로나19 관련 다양한 거짓 정보가 횡행하는 것이다. 코로나19는 특정 국가에서 의도를 가지고 생산한 것이고, 새로이 개발된 mRNA방식의 백신은 유전자 조작이 가능하다는 등의 바이러스 못지않게 거짓 정보도 대유행(infodemic) 중이다. 때론 교회가 이런 왜곡된 정보의 온상지가 되기도 한다. 카이저패밀리재단(KFF)의 여론 조사결과에 따르면, 미국의 백신접종 거부자의 22%가 백인 복음주의 기독교인이고, 이들은 다른 접종 거부자보다 더 강한 반대 의지를 표명하고 있다.[27] 그리고 이런 백인 복음주의자들의 백신 거부에는 교회 지도자들의 백신과 방역에 대한 거부감이 일정부분 역할하고 있는 것 또한 사

---

27) http://www.ohmynews.com/NWS_Web/View/at_pg.aspx?CNTN_CD=A0002758512, 2021.11.08.

실이다.

그러나 일반인의 시각에 이러한 태도는 교회가 공적 방역 활동에 비협조적이라는 인상만 강화할 뿐이며, 이는 교회 포비아를 낳는 주요한 요인이 된다. 따라서 교회는 과학적으로 증명되지 않은 거짓에 대해서는 분명하고 정확한 정보를 제공하는 허브 역할을 마다하지 말아야 한다. 이를 위해 교단과 기독교 대표 단체의 홈페이지는 효과적인 창구가 될 수 있을 것이다. 그러나 현재 한국기독교의 대표 단체와 주요 교단의 홈페이지를 방문해 보면 팬데믹과는 전혀 상관없어 보인다. 한국기독교교회협의회(www.kncc.or.kr)나 한국교회연합(www.ccik.kr), 한국기독교총연합회(www.cck.or.kr)의 홈페이지 어디에도 코로나19와 감염병 관련 메뉴는 찾아볼 수 없다. 메인에 걸린 이슈로는 종교단체의 것으로 생각하기에 거리가 있어 보이는 유력 정치인의 방문이나 정부 여당에 대한 요구 등이 주를 이루고 있다. 국내 유력 교단의 홈페이지도 별반 다르지 않았다. 대부분의 교단 홈페이지 메인에는 감염병 관련 이슈가 눈에 띄지 않았다.[28]

반면 한국천주교중앙협의회(cbck.or.kr/COVID-19)는 메인화면에 코로나19 대응 지침으로 들어갈 수 있도록 하였고, 해당 페이지로 들어가면 교구 공지와 사목 자료 그리고 정부의 공문과 사회

---

28) 그나마 대한예수교장로회 통합 측이 유력 교단들 가운데 유일하다 할 정도로 홈페이지 메인에 코로나 관련 정보제공 메뉴를 팝업으로 게시하고 있었으며, 접속 페이지의 내용도 총 20차에 달하는 교단 차원의 대응 지침을 게시하고 있었다. 그러나 이마저 2021년 11월 1일 정부가 위드코로나로 체제를 전환하자 홈페이지 메인에서 삭제하였다. 이에 대해선 다음 링크를 참조하라. http://new.pck.or.kr/

적 거리두기 안내 등을 자세하게 공지하고 있다. 대한불교조계종 (www.buddhism.or.kr)의 경우는 메인 홈페이지에 독립 팝업으로 사찰의 방역 수칙을 안내하고 있으며 이를 클릭하면 자세한 공지를 확인할 수 있도록 하였다. 천주교나 조계종 모두 만족스러울 정도의 정보를 제공한다고 보기는 어렵지만, 그래도 앞서 살펴본 개신교 연합단체들의 홈페이지보다는 상당한 정도의 자세한 코로나19 관련 정보를 공지하고 있었다.

국내를 벗어나 독일개신교회(EKD: Evangelische Kirche in Deutschland)의 코로나19 대응을 살펴보자. 독일개신교회는 코로나19에 대한 각종 정보를 홈페이지 한 곳[29]에 독립된 메뉴로 모아 서비스를 하고 있었다. 그곳에선 독일 내 지역교회 소속 교인과 목회자들이 코로나19 대유행기에 어떻게 신앙생활을 해야 하고, 또 디지털 교회 운영에 필요한 정보와 신자들의 상호 연대활동 등 20여 개가 넘는 전문 정보를 자세하게 제공해주고 있다.

홈페이지 운영이라는 단순한 사례이긴 하지만, 코로나19를 대하는 각 교단과 종단의 체감온도는 충분히 살필 수 있었다. 다른 종교에 비해 기독교의 코로나19에 대한 공식적 대응이 충분치 않아 보인다. 이는 코로나19 팬데믹이 발발한 지 2년이 지나가고 있는 지금까지 코로나19 관련 기독교계의 일치된 입장을 도출해내지 못했다는 방증이기도 하다. 이런 관심도를 가지고는 교회 포비아 극복을 위한 가능성이 좀체 전망되지 않는다. 지금

---

29) https://www.ekd.de/statements-aus-den-landeskirchen-zum-coronavirus-53966.htm, 2021. 11.08.

에라도 기독교연합 조직은 교회로 향하는 혐오의 화살을 정확히 검토하고 분석하여 그에 대한 공적인 대응에 집중하여야 할 것이다. 그렇지 않고 지금처럼 교회별, 교단별, 목회자별로 각각의 목소리와 공적 대응을 하다 보면 통제되지 않는 일탈적 행위를 관리하지 못할 것이며 그 때문에 파생되는 또 다른 투사적 혐오로부터 한국교회가 자유로울 수도 없을 것이다. 현 한국교회가 보유한 공적 인프라와 지적 자산은 코로나19에 대해 충분히 독일 개신교회 수준의 대응을 펼칠 수 있을 것이다. 다만, 교단이라는 장벽, 사회적 이슈에 대한 상대적으로 적은 관심도, 집중된 개교회 중심주의 등이 이러한 자산을 십분 활용하는데 장애가 되고 있을 뿐이다.

지금의 혐오 현상은 한국교회의 미래를 위해서도 꼭 넘어서야 할 장벽이다. 이를 위해 일치된 기독교계의 대응이 요청되며 이를 일반에 제대로 소개할 초교파적 전문 미디어 대응팀의 조직도 필요한 시점이다. 아울러 신자 교육에도 합리적이고 신앙적인 혐오 관련 대응 내용을 포함하여야 할 것이다. 기독교는 한국 사회에도 소수이다. 물론 종교단체 중에서는 9백6십만 신자로 전체 인구 대비 19.7% 정도를 차지하고 있지만, 종교 없는 인구 비율이 56%에 달하고 어느 종교도 절대 과반을 차지하지 못하는 세속적 사회인 한국에서 20% 미만의 비중은 소수라 할 수밖에 없다. 거기에 더해 교회가 투사적 혐의를 생산하거나, 때론 그것의 대상이 되는 지금의 현실은 한국교회의 미래를 위해서도 바람직스럽지 못하다. 따라서 정확한 정보제공과 객관적인 관점을 지닌 신자 육성을 위한 교육 제공에 한국교회가 관심을 집중하여야 할 것이다.

3. 감염병이 가져온 예배 공간의 변화

코로나19 때문에 생긴 또 다른 교회의 변화는 비대면 예배의 활성화이다. 2021년 11월 1일부로 정부가 '위드-코로나' 시대로의 전환을 선언하였고, 이후 집합 예배의 제약이 어느 정도 해소되긴 했지만, 지난 2년간 한국교회는 전에는 경험해보지 못한 비대면 예배라는 초유의 상황을 반강제적으로 받아들여야 했다. 교회에 불어닥친 이런 강제적 정황은 예배 공간에 대한 근본적 물음을 가져왔다. 교회 건물은 신앙공동체가 예배하기 위한 시설이다. 따라서 교회 건물은 그 자체로 목적이 아니다. 건물로서 예배당은 예배를 위한 수단이요 도구일 뿐이다.[30] 그런데 예배를 위해 모일 수 없으니 이 도구에 대한 반성이 생기지 않을 수 없게 된 것이다.

예배 공간은 교회 내에서 가장 무겁고 비용이 많이 드는 시설이다. 교회 예산의 많은 부분이 예배 공간 확보를 위해 사용된다. 하지만 소용되는 비용이나 부담에 걸맞은 예배 공간에 대한

---

30) James F. White & Susan J. White, *Church Architecture: Building and Renovating for Christian Worship*, 정시춘 & 안덕원 역), 『교회건축과 예배 공간』(서울: 새물결플러스,2014), 12-13.

신학적 반성은 충분하지 못한 것 또한 사실이다. 그런데 최근 건축가 유현준이 자신의 책에서 한국교회가 종교 공간 관련 경청할 만한 의견을 피력하였다. 유현준은 코로나19가 종교 공간의 변화에도 영향이 미칠 것임을 지적한다.[31] 그는 기존 종교 시설은 중앙으로 권력이 집중되는 방식으로 발전해 왔다고 주장한다. 그가 말하는 공간과 권력의 제1원칙은 같은 시간, 같은 장소에 사람을 모아놓고 한 방향을 지향하게 하는 것이다. 그렇게 되면 사람들의 시선이 모이는 곳에 권력이 만들어진다.[32] 이런 구도 아래 넓은 홀에 높은 강단이 설치되고, 설교단은 입구로부터 가장 먼 곳에 배치한다. 왜냐하면, 사람들은 입구에서 멀어지면 멀어질수록 더 존귀한 자리라고 생각하기 때문이다.[33] 오랜 세월 종교 공간은 이런 권력의 중앙화와 집중화를 위해 설계되고 건축되었다. 그래서 예배를 위한 공간은 큰 것을 선호했고, 설교가 행해지는 강단은 건물의 중심을 차지하며 되도록 입구로부터 먼 곳에 자리를 잡았고, 단상은 높이를 두어 청중이 우러러보는 방향으로 진화했다. 이런 공간에 매주 특정한 요일, 정해진 시간 동안 그것도 쉽게 이동할 수 없는 딱딱한 장의자에 앉아 종교 의례를 준행하는 것은 싫든 좋든 목회자 중심의 권력 집중화를 강화하였다.

코로나19는 오래도록 이어지던 교회 내 권력 구도를 일순간에

---

31) 유현준, 『공간의 미래』(서울: 을유문화사, 2021), 59.
32) 유현준, 『공간의 미래』, 68.
33) 유현준, 『공간의 미래』, 71.

흔들어버렸다. 집합 모임이 통제된 상황에서 자연스레 교인들은 이전보다 늘어난 선택의 자유를 확보하게 되었다. 아무리 같은 시간에 실시간으로 기존 예배와 같은 포맷을 온라인에 송출한다 해도 이미 시공의 통제권을 벗어난 예배자는 이전과는 다른 체험을 할 수밖에 없게 되었다. 물론 2021년 11월 1일 이후 위드코로나 체제로 전환되어 다시 집합 예배가 가능해졌지만, 다시 이전의 집합 예배로 완벽히 복원될지는 미지수다. 50대 이상의 장·노년층의 복귀는 상대적으로 용이할 것이다. 그러나 2030 세대를 비롯하여 온라인 모임에 익숙하거나 이미 그런 환경에 익숙해진 신자들의 복귀 속도는 늦어질 가능성이 크며, 아예 이전 예배 환경으로 못 돌아오는 이들도 생겨날 것이다.

후자의 경우는 지속적으로 문제가 될 것이며, 교회로서도 적지 않은 부담으로 작용할 것이다. 2015년 인구주택총조사를 보더라도 한국 사회 젊은 세대의 종교에 대한 관심도는 상당히 낮은 편이다. 우리 사회 비종교인의 비율은 총인구의 절반을 훌쩍 넘는 56.1%인데, 이 수치는 30대 이하 세대가 끌어올렸다. 30대 비종교인 비율은 61.6%. 20대는 64.9%, 그리고 10대는 62%에 달한다. 이런 상황인데다 그나마 교회 출석하던 이 세대들마저 코로나19 때문에 온라인 집회로 내몰리게 되었고, 상대적으로 스마트 기기와 온라인 문화에 익숙한 이 세대에 속한 이들은 장노년층보다 훨씬 빠르게 비대면 신앙생활에 적응해갔다.

급기야 코로나19가 가져온 온라인 예배 활동은 신앙생활에서 이전에는 없던 상황까지 만들어 버렸다. 이른바 '예배 쇼핑'이 가능해진 것이다.[34] 시공의 통제를 받지 않는 곳, 소속 교회 담임 목회자의 인격적 영향력이 감소한 상황에서 이들은 예배할 곳과 들을 설교자를 선택하는 행위를 하기 시작하였다. 이제 신자들은 소속 교회 예배와 설교가 지루해지면 쇼핑하듯이 선호에 따라 소문난 교회와 설교자를 찾아 이동하고 있다. 의료계의 '의료 쇼핑'이 연상되는 장면이다. 의료 쇼핑이란 한 가지 질병을 여러 병원이나 의원을 돌아가며 진료받는 행태를 말한다. 이런 행위의 중심에는 의료 기관에 대한 불신이 자리한다. 병원과 의사를 신뢰하지 못하기에 이 병원, 저 의원 옮겨 다니며 같은 병을 치료받는다. 예배 쇼핑의 작동 기제도 크게 다르지 않다. 예배와 설교자에 대한 불신이 이 교회 저 교회, 이 설교 저 설교로 쇼핑하듯이 신자를 움직이게 만들기 때문이다.

그런데 비대면 예배 기간에도 성장한 몇 교회가 있다. 〈뉴스앤조이〉는 2021년 8월 20일 "다른 교회 목사 설교 듣는 교인들"이라는 제목으로 비대면 예배 기간에 유튜브 채널 구독자 수와 동시간대 접속자 수의 추이를 분석한 기사를 게시하였다.[35] 물론 당연히 대형 교회들과 저명한 설교자들이 상위권을 차지했지만, 눈에 띄는 성장세를 보인 교회와 설교자도 있었다. 안산 꿈의교회 김학중 목사와 서울 청파감리교회 김기석 목사가 그 경우이다. 꿈의교회는 3천여 명 정도에 머물던 온라인 예배 참여자 수

---

34) http://www.ecumenian.com/news/articleView.html?idxno=21969, 2021.11.09.
35) https://www.newsnjoy.or.kr/news/articleView.html?idxno=303219, 2021.11.09.

가 이 기간에 1만2천여 명까지 늘었고, 청파감리교회는 매주 3천여 명이 온라인 예배에 참여하는데 이는 등록 교인 수의 3배에 달하는 규모이다.[36] 두 교회 모두 울림 있는 설교와 지역 친화적 교회 운영으로 많이 알려져 있기에, 비대면 예배라 하더라도 콘텐츠가 충실하고 신앙생활의 목적이 분명한 교회는 사람들의 적극적 선택을 받을 수 있다는 방증이 된다.

비대면 예배 기간 중 한국 개신교계의 또 다른 의미 있는 변화가 있었다. 그리고 그 중심엔 김포명성교회가 자리한다. 1999년 개척된 김포명성교회는 교회 건물을 매각한 뒤에 예배당을 공유할 목적으로 선교단체 '어시스트 미션'을 설립하였다. 그래서 예배 처소를 구하기 어려운 개척교회와 특수목적 선교단체의 예배 공간으로 활용하도록 했다. 이 시도가 더 특별한 것이 예배 공간을 공유하고 있는 총 9개의 교회공동체의 소속 교단이 같지 않다는 데 있다.[37] 김포명성교회의 이 시도는 교회가 성장하면 대형 예배당을 건축하는 것이 관례였던 한국 기독교계에 신선한 자극이 되었고, 지속해서 이에 호응하는 교회들이 늘어나 두 번째 공유 예배 공간을 마련하기에 이르렀다.[38] 최근에는 이러한 공유 예배당 시도에 대한 교단 차원의 대응도 나왔다. 기독교대한감리회는 지난 10월 26일 34회 총회 입법의회에서 팬데믹 시 교회 개

---

36) 자세한 내용은 위 〈뉴스앤조이〉 기사를 참조 바람
37) 총 7개 교단 9개 교회가 시간을 나누어 같은 공간에서 예배를 진행하고 있다. https://www.donga.com/news/Culture/article/all/20210419/106471521/1, 2021.11.10.
38) http://www.goodnews1.com/news/articleView.html?idxno=106906, 2021.11.10.

척이나 운영에 어려움을 겪고 있는 교회들을 위해 공유 예배당 제도를 합법화하기 위한 법제화 시도를 하였고, 찬성 279명, 반대 138명으로 관련 개정안을 통과시켰다.[39] 비록 지금은 미미하지만, 한국교회의 미래를 위해 매우 유의미한 결정이었고, 또 예배 공간에 대한 인식 변화의 전조라 하겠다. 이런 공유 예배당의 등장은 적어도 개척을 준비하거나 특수목적의 선교를 기획하는 다음 세대 목회자들에겐 매우 의미 있는 일이고 향후 각 교단이 법제화를 통해 공식 지원이 가능한 환경이 조성된다면, 한국교회 미래를 위해 큰 계기가 될 것이다.

여러 변화의 시도가 있긴 하지만, 그렇다고 기존 교회 시설을 모두 공유화할 수는 없을 것이다. 교회마다 역사와 전통이 있고, 또 문화가 있으며 구성원의 관심도 다양하기 때문이다. 그렇다면 기존 종교 시설의 활용을 위해선 어떤 가능성이 있을까? 코로나 19가 한국교회에 던진 종교 공간과 관련된 또 다른 과제이다. 유현진은 기존 교회 시설을 이웃 주민들을 위해 과감히 개방할 것을 촉구하고 있다. 교회 시설 대부분이 예배가 있는 일요일에 집중되어 있기에 주중에는 지역의 주민, 학생 등을 위해 다양한 용도로 공간을 제공하자는 것이다.[40] 교회 소회의실은 공유 오피스로, 친교실은 청소년 학습공간 등으로 활용될 수 있을 것이다. 사실 이 정도 공간 활용은 이미 시행하고 있는 교회들도 적지 않

---

39) https://www.newsnjoy.or.kr/news/articleView.html?idxno=303562, 2021.11.10.
40) 유현준, 『공간의 미래』, 86-87.

다. 주민 회의를 위해 교회 시설을 개방하거나 주중에 교회 주차장을 이웃 주민들과 공유하는 교회들도 다수이며, 안산 꿈의교회는 예배당을 문화예술 공간으로 제공하여 갤러리 역할도 마다하지 않고 있기 때문이다.[41]

그러나 교회 시설은 예배를 위한 공간이고, 신앙생활의 허브 역할을 하는 곳이어야 한다. 그런 점에서 주중 교회 시설을 적극적으로 활용하여 교회에 대한 지역 주민과의 친밀도를 높이는 것은 좋지만, 그것에만 머물러도 안될 것이다. 사람들이 교회와 종교 시설을 찾을 때는 나름대로 기대하는 바가 있다. 단순히 교회를 통해 지역 내 필요한 공간을 활용하려는 목적이나 세속적 필요의 충족에만 머물지는 않을 것이다. 교회를 방문하는 이들은 교회만이 줄 수 있는 세속적이지 않은 것에 대한 기대도 있을 것이다. 이런 점에서 교회 시설은 성스러운 공간을 품고 있어야 한다. 그래서 그 본연의 임무가 예배를 위한 것임을 누구라도 알 수 있도록 해야 할 것이다. 생활 속에서 성스러운 공간을 확보하여 다른 목적으로 방문하거나 찾아오는 이들에게도 예배당만이 줄 수 있는 거룩함의 가치를 느낄 수 있도록 해야 한다. 교회 문턱을 낮추고 지역의 많은 사람이 교회를 찾도록 하는 것도 중요하지만, 교회를 찾은 이들이 성·속 공간의 차이를 예배 공간을 통해 학습할 수 있는 기회도 준비해야 할 것이다. 로마가톨릭의 교회 내 '중정'(中庭)이나 신앙의 독려를 위해 설치한 '미로'(迷路,

---

41) https://www.yna.co.kr/view/AKR20210405086700005, 2021.11.10.

Labyrinth) 등이 향후 한국교회가 좋은 참고가 될 수도 있을 것이다.

4. 닫는 글

코로나19 팬데믹으로 21세기의 인류는 잊고 지내던 사실 하나를 확인할 수 있었다. 바로 인류의 역사는 질병과 함께하고 있다는 사실이다. 역사가 시작된 이래 질병이 사라진 적은 한 번도 없었다. 인류의 역사는 이 질병을 이겨내기 위한, 그리고 관리하기 위해 애쓴 결과의 축적이라 할 수도 있을 것이다. 코로나19 역시 다르지 않다. 이 감염병은 2년여 지구촌을 흔들며 인류사회에 큰 변화를 가져왔으며, 종교 역시 여기에서 자유롭지 못하다. 이 논문은 이런 전제 아래 감염병 시대를 살아야 하는 교회의 대응 전략을 두 가지로 정리하여 살펴보았다.

우선 교회는 혐오와 싸워야 한다. 감염병이 준 트라우마는 그것을 해소할 희생양을 찾게 되고, 이는 곧 혐오를 양산하며 과도한 혐오의 감정은 우리 사회를 폭력으로 물들게 할 수도 있다. 따라서 교회는 '인포데믹'에 휘말리지 말아야 하며, 더 적극적으로 관련된 정보를 전문적으로 다룰 조직을 결성하고 결과물을 구성원에게 제공하여 성공적으로 혐오의 올무에서 벗어나도록 도울 수 있어야 한다. 이런 일을 효율적으로 관리하기 위해서라도 대표성을 띤 개신교 연합단체가 자리 잡아야 할 것이다. 또한 개신교의 인적 자산을 적극 활용할 수 있는 TF팀이나 연구조직을 구성하여 지속해서 왜곡된 정보와의 싸움을 이어가도록 해야 할 것이다. 그래야 교회 포비아의 장벽을 넘어설 수 있을 것이다.

코로나19는 또한 예배 공간의 활용에도 적잖은 변화를 가져올 것이다. 집합 예배가 제한적일 수밖에 없는 환경, 그리고 비대면 예배에 적응된 신자들 때문에라도 기존처럼 일방적인 대형 공간 지향은 이제 지난 일이 될 것이다. 그런 점에서 최근 시도되고 있는 공유 예배당은 한국교회의 좋은 선택이 될 수 있을 것이다. 무엇보다 새로이 개척을 준비하거나 특수목적의 선교나 목회를 기획하는 다음 세대 목회자들에게 공유 예배당은 좋은 대안이 될 것이다.

아울러 교회 시설의 주중 개방도 이웃과의 관계 설정과 교회 이미지 제고를 위해서도 좋은 선택일 수 있다. 하지만 그것만으로는 부족하다. 본질적으로 교회 시설은 예배를 위한 도구이다. 그리고 예배는 하나님의 임재에 대한 인간의 총체적이고도 전인적 반응이다. 무엇보다 예배 공간은 성스러움을 담고 있어야 할 것이다. 이런 맥락에서 이웃 주민에게 교회 시설을 개방하여 밀착도를 높일 필요가 있으며, 아울러 친근해진 예배 공간에서 세속과는 구별된 성스러움을 느끼고 학습할 수 있는 기회도 제공할 수 있어야 할 것이다.

지금까지 코로나19가 가져온 종교의 변화에 적극적으로 임할 수 있는 교회의 대응을 '혐오 극복'과 '예배 공간 활용'이라는 관점에서 살펴보았다. 코로나19 같은 지구적 규모의 역사적 감염병은 인간 사회 전반의 변화를 자극한다. 따라서 한국교회도 지속해서 감염병의 여파와 그에 대한 적절한 대응을 마련해나가야 할 것이다. 그런 점에서 코로나19는 한국교회로서는 좋은 기회이기도 하다. 혼란과 위기를 수반하고 있기는 하지만, 팬데믹은 인류에게 본질을 궁구할 수 있는 성찰의 시간을 제공하고 있기 때문이다. 이는 한국교회에게도 마찬가지이다. 코로나19가 가져온 변화는 결국 교회의 본질을 파고드는 존재론적 성찰을 요구하기 때문이다. 따라서 팬데믹은 위기이자 새로운 시대를 준비할 기회이며, 지금까지 우리의 논의는 그러한 준비를 위한 마중물 역할이었다.

VI

한국교회와 샤머니즘

21세기 한국 사회는 무엇으로 대표될까? IT, 반도체, 자동차, LCE, LED, K-Pop, 한류 드라마? 다양한 최신 기술로 치장된 전자 제품들과 작금 전(全)세계적으로 열풍을 불러일으키고 있는 한류, 이들 K-Pop과 국산 드라마가 지금 우리 사회를 대표하는 얼굴일까? 물론 이들 역시 현 한국 사회의 역동적인 모습을 나타내는 대표성을 띠고 있다 할 수 있겠다. 하지만 이들만이 아니다. 외부에서 바라보는 한국 사회는 앞서 언급한 다양한 하이테크 상품들과 한류만 있는 것이 아니다. 샤머니즘 또한 그렇다. 2007년 7월 7일 미국 〈뉴욕타임즈〉의 기사를 살펴보면, 작금 한국 사회를 대표하는 문화현상의 하나로 샤머니즘이 꼽히고 있는 사실을 만나게 된다. 〈뉴욕타임즈〉 기사는 하이테크 산업으로 이름 높은 한국 사회에 샤머니즘의 열풍이 불고 있는 아이러니한 현상을 집중 분석하고 있다.[01] 보도에 따르면, 21세기 한국 사회에 활동 중인 무당의 숫자는 30여만 명을 헤아리고, 서울 도심으로부터 1시간 이내 거리에 무당이 활동하는 신당이 300여 개에 달한다고 한다.[02] 이 숫자가 허수로만 들리지 않는 것이 2008년에 행한 한국정부의 공식 통계 역시 개신교, 천주교, 불교 등 기존 종단 이외의 기타 종교 교직자 수가 무려 20여만 명을 넘어서고[03] 있고, 기타 종교의 다수는 샤머니즘과 연관된 조직이므로 〈

---

01) *http://www.nytimes.com/2007/07/07/world/asia/07korea.html?scp=1&sq=shaman-ism%20korea&st=cse*
02) 위 〈뉴욕 타임즈〉 기사 참조.
03) 문화관광부, 『한국의 종교현황』(서울: 문화관광부 종무실, 2002), p. 10.

뉴욕타임즈〉가 추정한 30만 명이라는 숫자가 그리 과장된 것은 아니라 할 수 있겠다. 한국 내 무당과 샤머니즘의 부흥을 알리는 또 다른 보도가 〈중앙일보〉의 자매지인 〈중앙선데이〉에서도 나왔다. 2010년 2월 20일자 기사에서 〈중앙선데이〉는 국내 샤머니즘 관련 종사자들을 모두 합하여 대략 50만 명 이상이라고 보도하고 있다.[04] 이 숫자의 근거로 기사는 현재 활동 중인 30만 명의 역술인과 15만 명 정도의 무당들, 그리고 5만여 명의 초보 역술인들을 꼽고 있다.

반면 한국교회는, 2005년도 인구센서스 조사결과에 따르면, 지난 10년 동안 17여만 명 정도 감소했다. 같은 기간 전체 인구 중 차지하는 종교인의 숫자가 2.4% 정도 상승[05]했는데도 개신교도의 숫자가 줄어들고 있다는 것은 한국교회로서는 눈여겨봐야 할 대목이다. 한국교회의 정체와는 상관없이 지속해서 샤머니즘 관련 사업과 그와 관련된 직능인들의 숫자가 늘어나고 있는 것은 무엇을 뜻하는 것일까? 이 글의 출발점은 이와 같은 문제의식으로부터이다. 즉, 현대 한국 사회에서 다시 떠오르고 있는 샤머니즘에 관한 관심과 그 사회적 의의를 선교적 차원에서 더 객관적으로 분석하고자 하는 것이 이 글의 학문적 관심이다. 따라서 이 글은 샤머니즘에 대한 객관적 분석을 수단으로 삼아 최종

---

04) *http://article.joinsmsn.com/news/article/article.asp?total_id=4021991*
05) 전체 인구 중 종교인의 숫자는 1995년에는 인구대비 50.7%였다가 2005년도에는 53.1%로 늘어났다. 김홍권,『좋은 종교, 좋은 사회』(서울: 예영커뮤니케이션, 2008), p. 38.

적으로는 선교적 시각으로 해석하는 것을 주목적으로 한다.

사실 그리스도교와 타 종교와의 관계를 비교 분석 연구하는 것은 선교학의 중요하고도 근본적인 주제 중의 하나라 할 수 있다. 더 나아가 데이비드 보쉬(David Bosch)는 이를 "선교신학의 축소판"[06]으로 볼 정도이다. 선교학의 목적과 영역을 규정하는데 학자별로 다양한 시도가 있을 수 있겠지만, 최근 흐름은 모든 신학의 분야를 선교적으로 보려는 것이다. 이를 '선교적 신학'(a missionary theology)으로 명명할 수 있는데, 앤드류 커크(J. Andrew Kirk)는 제대로 된 선교적 신학이 자리를 잡는데 두 개의 난관을 언급한다.[07] 우선 아직 채 정리되지 않은 선교의 본질에 대한 논란을 든다. 즉, 많은 이들이 여전히 선교를 교회가 없는 곳에 진출하여 새롭게 교회를 설립하거나, 교세가 약한 곳에 들어가 더 많이 성장시키는 것을 선교의 주된 본질로 보고 있다는 것이다. 그런데 이런 시각은 교회의 본질 자체가 선교적이며, 따라서 교회를 교회답게 하는 것이 참된 선교라는 새로운 이해를 자리 잡게 하는데 걸림돌이 된다. 두 번째로는 다양한 신학 분야의 전문가들이 자신의 연구주제들이 본질적으로 '선교적'임을 제대로 인식하지 못하고 있다는 점이다. 이런 이유들로 인해 선교적 신학의 정립이 어려워지고 있다는 것이 커크의 지적이다. 그는 계속해

---

06) Daivd Bosch, *Transforming Mission: Paradigm Shifts in the Theology of Mission (Maryknoll: Obris Books*, 1991), *p. 477. J. Andrew Kirk*(최동규 역), 『선교란 무엇인가?』(서울: 기독교문서선교회, 2009), p. 189에서 재인용.

07) Andrew Kirk(최동규 역), 『선교란 무엇인가?』, pp. 41-42.

서 선교는 교회의 의무가 아니라 교회 그 자체의 본질적 성격이라고 재차 강조한다.[08] 따라서 선교의 본질을 설명하기 위해서 먼저 물어야 할 것은 교회의 정체성에 관한 것이다. 커크의 관점에 선교를 본질로 하는 교회는 "말씀과 행위로 예수 그리스도에 관한 좋은 소식을 전파함으로써 하나님께서 이 세계 내에서 활동하고 있다는 사실을 증언하는 이른 바 '하나님의 선교'(missio dei)에 반응하는 공동체"[09]이다.

이 점에서 작금 한국 사회에서 성황을 이루고 있는 '타종교'인 샤머니즘을 면밀히 검토하는 것은 선교학적으로도 의미 있는 일이 될 것이다. 그리고 그 방향은 부정 일변도의 기존 태도를 넘어서 샤머니즘에 대한 객관적이고 중립적인 그리고 세밀한 관찰자의 자세를 유지하는 것으로 나가야 할 것이다. 그래서 과연 무엇이 샤머니즘의 재흥을 가져왔고, 이들의 무엇이 극복의 대상이고 또 무엇을 타산지석으로 삼아야 할 것인지를 자세히 분별해야 할 것이다. 따라서 이 글은 이와 같은 목적 아래 한국교회가 지금껏 샤머니즘을 규정해왔던 기복주의와 샤머니즘의 중요한 핵심적 의례인 굿의 역할과 구조 등을 살피는 순으로 논의를 진행하도록 하겠다.

---

08) 위의 책, p. 59.
09) 위의 책, p. 59.

1. '기복주의'의 안과 밖

전반적으로 한국교회 내 샤머니즘에 대한 견해는 그리 우호적이지는 않다. 그리고 이와 같은 샤머니즘에 대한 부정적 시각은 초기 외국인 선교사들의 시각에서도 그대로 나타난다.[10) 헐버트(Homer Bezaleel Hulbert, 1863-1949), 언더우드(Horace Grant Underwood, 1859-1916), 클라크(Charles Allen Clark, 1878-1961) 등 개신교 한국 전래 초기 선교사로 활동했던 이들은 모두 한국 종교 상황에 대한 나름의 글들을 남기고 있다. 이들 견해 사이에 약간의 차이가 없지는 않지만, 공통된 이들의 시각은 샤머니즘에는 도덕적 기준이나 윤리적 규범이 빠져있고, 따라서 미신적인 이 종교는 새로운 고등종교의 등장으로 한국 사회에서 소멸할 것이라고 보았다.[11) 그리고 이와 같은 부정적 시각은 그대로 한국교회로 전해져 지금까지 이어져 왔다고 할 수 있다. 물론 1970년 중반에 문상희, 윤성범, 유동식 등과 같은 신학자들의 토착화 작업의 하나로 샤머니즘이 갖는 긍정적 요소를 부각하기도 했으나, 한국교회 내 샤머니즘에 대한 전반적 흐름은 부정적 태도에서 크게 바뀌지 않았다고 할 수 있다.

그런데 그런 부정적 인식 중 가장 대표적인 것이 샤머니즘은

---

10) 초기 개신교 선교사들의 한국 종교와 샤머니즘에 대한 이해는 다음 글을 참조바람. 김종서,『서양인의 한국종교연구』(서울: 서울대학교 출판부, 2006; 방원일,『초기 개신교 선교사의 한국종교 이해』(서울대 박사 학위 논문, 2011); 조흥윤, "초기 개신교 선교사들의 한국 샤머니즘 이해-선교인류학의 관점에서" 연세대학교 국학연구원,「동방학지」Vol. 125. pp. 79-120.

11) 조흥윤, "초기 개신교 선교사들의 한국 샤머니즘 이해"「동방학지」, p. 110

한국교회를 세속화, 개인화, 물질주의화했다는 것이며, 이는 간단히 '한국교회의 샤머니즘화'[12]로 불리기도 했다. 이처럼 샤머니즘은 작금 한국교회에서 불거져 나오는 많은 문제의 출발이요 원인 제공자로 이해된 것이 현실이다. 그리고 이런 판단과 분석 뒤에는 본래 한국교회는 문제가 없고 좋은 것인데 문제 많고 부정한 샤머니즘이 교회 내부로 들어와 교회의 본질을 흐리고 오염시켜버렸다는 자내적 판단이 자리하고 있다 할 것이다.

그런데 어떤 연유로 한국교회가 샤머니즘을 닮았다고 하는 것일까? 도대체 어떤 기준과 근거로 한국교회는 샤머니즘 때문에 오염, 변질했다고 판단하는 것일까? 적지 않은 사람들은 그 이유를 샤머니즘의 '기복주의'에서 찾는다. 그리고 혹자는 한국교회의 열광적 신앙행태가 샤머니즘과 매우 흡사하다고 한다. 과연 그럴까? 한국교회의 기복주의는 샤머니즘으로부터 기인한다는 이 명제는 참된 것일까?

기복이란 말을 사전에서 찾아보면 '복을 비는 행위나 상징'을 뜻한다. 종교 생활을 하는 이들에게 이와 같은 기복 행위, 즉 복

---

12) 한국교회, 특히 대형 교회의 성장에는 샤머니즘적 요소가 적극 역할했다고 보는 시각의 본격적 논의는 학문적으로는 다음 연구서가 절정을 이뤘다고 할 수 있다. 서광선 외, 『한국교회 성령운동의 현상과 구조』(서울: 대화출판사, 1982). 이 책에서 신학(유동식, 서광선), 종교학(정진홍), 사회학(한완상), 의학(김광일) 분야의 전문가들은 한국 대형 교회 부흥의 한 요인이 된 성령운동을 부정적으로 보며 그 배후에 샤머니즘 요소가 깔려있음을 어느 정도 인정하고 있다. 하지만 이들 분석에 대해 민속학자 조흥윤은 이들 5명의 전문가가 보여준 샤머니즘에 대한 부정적 이해는 그에 대한 철저한 이해가 결여된 상태에서 나온 것이라 비판하고 있다. 조흥윤, "초기 개신교 선교사들의 한국 샤머니즘 이해" 「동방학지」, p. 113. 하비 콕스 역시 이런 시각에서 크게 다르지 않다. 그 역시 한국 대형 교회 성장 배후에는 무속 종교적 영향이 있었다고 본다. Harvey Cox (유지황 역), 『영성-음악-여성』(서울: 동연, 1996), pp. 313-320. 콕스는 그의 책에서 한국교회와 샤머니즘의 관계라는 논제를 넘어서 '무교적 기독교'의 가능성 여부를 묻는 곳으로까지 나아간다.(하비 콕스, 같은 책, p. 322)

을 비는 자세는 지극히 자연스럽다. 세상에 어떤 종교가 신앙생활을 통해 지복(至福)을 구하지 않을 수 있단 말인가. 서로 복의 내용은 다를 수 있을지라도, 복 그 자체를 구하고 고대하는 것은 자연스러운 일이라 할 것이다. 그렇다면 기복주의는 하나의 구실이고, 기실 하고자 하는 본래 뜻은 다른 데 있을 것이다. 그렇다면 기복주의의 부정적 뉘앙스는 어디에서 온 것인가?

혹자는 그것을 물질주의, 맘몬주의라 부르기도 한다. 신앙생활하는데 되도록 뒤로 물려야 할 물질에 대한 과도한 집착이 한국교회를 병들게 하고, 그러한 물질주의적 성향이 바로 샤머니즘으로부터 왔을 것이라고 보는 것이다. 그렇다면 앞서 제시한 '한국교회의 샤머니즘화=기복주의'라는 등식은 다음과 같이 정리될 수 있을 것이다. '지금 한국교회는 물질주의라는 수렁에 빠져 있고, 그 원인은 한국교회의 샤머니즘화에 있다.' 이렇게 정리하면 이 논제는 깔끔하게 마무리된 것인가? 그런데 여전히 깔끔한 마무리라고 하기에는 아쉬움이 남는다. 이 논제가 정당성을 얻으려면, 무엇보다도 샤머니즘의 물질주의 혹은 기복주의의 부정적 요소를 제대로 규명해내야 하기 때문이다.

그렇다면 이제 우리 논의는 '과연 샤머니즘은 기복 지향적이고 또 그것은 부정적인가?'를 분석하는 초점을 맞춰야 할 것이다. 이를 위해 우리는 먼저 샤머니즘에 대한 기본적 이해에 먼저 시간을 할여해야 할 것이다.

우선 샤머니즘을 지칭하는 명칭부터 살펴보자.[13] 편의상 이 글에서는 샤머니즘이라 적고 있지만 연구자들의 전공과 처한 입장, 그리고 시각에 따라 한국의 샤머니즘은 다양하게 불린다. 그 대표적인 것으로는 샤머니즘, 무속(巫俗), 무교(巫教), 巫(무) 등을 꼽을 수 있다. 무속이란 용어는 불교계 학자 이능화로부터 사용되었는데 지금은 국문학자들과 민속학자들이 즐겨 사용하고 있다. 무속이라는 말에는 샤머니즘의 종교적 성향보다는 그것이 가지는 풍습적 요소가 더 강조되고 있다고 할 수 있겠다. 그런 점에서 이 용어는 샤머니즘에 대한 적지 않은 문화적 천시가 포함되었다고 할 것이다. 분명 여전히 활동 중이며, 그 기능 또한 제대로 종교적인데도 그것을 전통적 민속-풍습-관습의 하나로 묶어 이해하려는 시각이 이 무속이라는 용어에 들어있다는 것이다. 반면 무교란 용어는 종교로서 한국 샤머니즘의 성격을 잘 나타내주고, 여타 다른 종교들과 구별되는 독립된 종교전통을 뜻한다는 점에서 중립적 위치의 학자들이 주로 사용한다.[14] 그리고 무(巫, Muism)라는 용어는 90년대 이후 조흥윤 교수가 즐겨 써왔는데, 조 교수는 한국의 샤머니즘은 시베리아 계열 하고도 궤를 달리하는 독특한 요소를 가지고 있기에 범용적 개념의 무교보다 차라리 무라는 독립된 용어를 써야 한다고 주장한다.[15] 다만 이

---

13) 한국 샤머니즘의 명칭에 관해서는 다음 글을 참조바람. 김승혜, 김성례 외,『그리스도교와 무교』(바오로딸, 1998), pp. 50-53; 조흥윤, "초기 개신교 선교사들의 한국 샤머니즘 이해"「동방학지」, pp. 86-88.

14) 무교란 단어는 개신교 신학자 유동식 교수가 그의 책『한국무교의 역사와 구조』(서울: 연세대학교출판부, 1985)을 통해 본격적 학문 용어로 사용하기 시작했다.

15) 다만 이러한 입장이 최근 조 교수 자신의 개신교 개종과 더불어 변화될 여지가 있기에 좀

글에서는 한국에서 활동 중인 무교와 무속 전체를 포함하여 '샤머니즘'이라는 용어를 사용토록 하겠다.

앞서도 언급했듯이 '기복주의'라고 하는 것이 언제나 부정적으로만 쓰이는 것은 아니다. 그리고 대부분의 종교에서는 '복'을 언급하고 또 장려한다. 이런 점은 기독교 또한 예외가 아니다. 김영동은 독일 성서학자 베스터만(C. Westermann)의 견해를 빌려와 성서에서 말하는 복이 가지는 통전적 의미를 강조하고 있다. 구약과 신약에서 언급되는 '복'에는 두 가지 측면, 즉 하나님의 '구원행동'(Retten)과 '강복행동'(Segnen)이 있다. 따라서 복이란 복의 역사화와 강복행위가 하나님과 그의 백성 사이의 모든 사건에 관여하는 것이라고 해석할 수 있다. 다만 서구신학이 이를 일원적이고도 개념적으로 파악하여 하나님의 구원-강복행동의 세밀한 차이를 구별해내지 못했을 뿐이다.[16] 따라서 기독교의 복은 단일적 구원행위에만 국한되지 않고 성장과 성숙, 번영과 결실, 공동체의 구원받은 상태로까지 연장, 연관되어야 한다.[17]

이런 점에서 보자면, 반복하는 이야기이지만 기복 그 자체를 부정적으로만 볼 수는 없다. 그리고 더 나아가 샤머니즘에서 말

더 지켜볼 필요가 있다 할 것이다. 조 교수는 그의 책『한국의 샤머니즘』(서울: 서울대학교출판부, 2002) 3쇄 머리말에서 그동안의 巫연구가 무당사회와 일정한 거리를 유지하지 못했음을 지적하고 있다. 따라서 연구 대상에 함몰되어 연구의 중립성과 객관성에 문제가 있었다고 적고 있다. 그리고 조 교수의 이러한 학문적 입장 전환에는 그의 모친 사망 후 재 귀의한 그리스도교 신앙이 자리하고 있음을 분명하게 밝혀주고 있다. 조흥윤, 『한국의 샤머니즘』(서울: 서울대학교출판부, 2002) xxvii 참조.

16) 김영동, "샤머니즘과 한국교회의 신학과 신학교육", 한국기독교학회, 「한국기독교신학논총」Vol. 11 (1994), p. 332.

17) 위의 글, p. 332.

하는 복이 언제나 부정적이었는가도 꼼꼼히 따져봐야 할 것이다. 샤머니즘의 기복 행위가 부정적으로 되기 위해서는 그것에 도덕-윤리적 규범이 결여되어 있어야 할 것이다. 그리고 그 행위의 주목적이 문제의 해결이 아니라 재물의 과잉 축적으로 결론이 나야 할 것이다. 물론 생활세계에서 이와 같은 이야기가 전혀 없는 것은 아니다. 2005년 한 신문사의 보도에 따르면 강남에 거주하는 50대 무속인은 서울 노른자위 지역에 무려 36채나 되는 아파트를 소유하고 있다고 한다. 그리고 이러한 부동산 자산의 취득 과정에서 범법행위까지 있었다고 한다.[18] 그 외에도 177억이나 사기로 남의 돈을 가로 챈 무속인의 이야기[19]까지 샤머니즘 관련 부정적 뉴스는 적지 않은 형편이다.

하지만 우리가 주목해야 할 부분은 몇몇 무속인들이 보여주는 파행적 병리 현상만이 아니라, 샤머니즘 자체의 원리적 기복 행위가 되어야 할 것이다. 즉, 샤머니즘에서의 기복은 어떤 뜻을 담고 있으며 본래 역할은 무엇인가에 집중해야 하는 것이다.

샤머니즘적 세계관에서 생활세계에서 인간들이 맞이하게 되는 다양한 문제는 신령과의 관계에서 비롯된다고 본다. 때론 조상신에게 불효하여 혹은 자신과 원한 관계에 있는 신령 때문에 다양한 성격의 문제가 인간세계에 나타난다고 본다. 따라서 그들은 다시 이 관계를 회복함으로써 문제를 원천적으로 풀고자 한

18) http://news.khan.co.kr/kh_news/khan_art_view.html?artid=200506131807571&code=920202
19) http://www.newsis.com/article/view.htm?cID=&ar_id=NISX20110127_0007262528

다.[20] 따라서 '샤머니즘의 기복은 축재이며 부정적이다'라는 단순논리는 지양해야 할 것이다. 이는 샤머니즘의 기복이 신령과 인간 사이에 재물을 사고파는 도구적 관계로만 풀 수 없음을 뜻한다.[21]

그러나 그렇다고 샤머니즘과 기독교의 기복이 동일한 것은 아니다. 초월적이고 초역사적 신의 통치와 그를 통한 평화 획득에 뿌리를 둔 기독교의 복과는 달리, 샤머니즘은 철저히 현세 지향적이다. 그것이 잉여 축복이나 재산의 축적을 목적하지는 않는다고 하더라도 샤머니즘의 복이 갖는 목적과 영역은 지극히 현세에 초점을 맞추고 있는 것은 부인할 수 없는 사실이다. 초월을 향하는 기독교의 복, 이에 반해 현세에 집중된 샤머니즘의 복. 이 차이가 기독교와 샤머니즘을 구별하는 주요한 기준이 될 수 있을 것이다.

현세에 초점을 맞추어서인지 무당과 역술인들을 중심으로 하는 샤머니즘은 앞서 언급한 것처럼 계속해서 한국 사회에서 그 영향력을 넓혀가는 중이다. 〈뉴욕타임즈〉가 추정한 30만여 명의 무당, 그리고 〈중앙선데이〉가 보도한 50만 명의 무속인이라는 숫자는 2002년 정부 통계에 잡힌 개신교 전체 목회자 수가 12만여 명 정도[22]인 것을 생각하면 그 규모는 상상을 초월한다. 줄

20) 박일영, 『한국 무교의 이해』(왜관: 분도출판사, 1999), p. 69.
21) 김승혜, 김성례 외, 『그리스도교와 무교』(서울: 바오로딸, 1998), p. 152.
22) 문화관광부, 『한국의 종교현황』(서울: 문화관광부 종무실, 2002), p. 4.

잡아 50여만 명의 무속인들이 활동하기 위해서는 그들과 연관된 단골들과 의뢰인들을 어림잡아 본다 해도 한국 샤머니즘의 규모는 현 종교인들 비율 가운데 매우 큰 몫을 차지한다고 봐야 할 것이다. 이건 단순히 지면상의 통계가 아니라 한국 종교 생활의 현실이기도 하다. 그만큼 한국에서 무교 혹은 샤머니즘은 살아있는 종교이고 게다가 매우 역동적이기까지 하다. 이들의 이런 현상 배면에는 현세 지향적 기복주의가 자리하고 있을 것이고, 그것이 의례로 승화되는 것이 바로 굿이다. 이 점에서 샤머니즘의 굿이라는 의례가 가지는 종교-사회적 의미와 기능을 살피는 일은 매우 요긴한 일이 될 것이다.

2. 굿의 의미와 기능

샤머니즘은 조직화된 종교라기보다는 무당과 신도들을 중심으로 하는 지극히 개인적 종교이다. 따라서 특별한 조직이나 교리 그리고 신앙체계가 있는 것도 아니다. 따라서 무당의 숫자만큼 그들의 교리나 세계관은 다르고 또 차이가 있다. 물론 1988년 한국의 많은 무속인들이 모여 〈천우교〉(天宇敎)라는 연합 종교단체를 창설하고 일종의 통합 교리서까지 발간한 일이 있기도 했지만[23], 그것은 단발성 행사로 끝났고, 여전히 샤머니즘은 무

---

23) 박일영,『한국 무교의 이해』(왜관: 분도출판사, 1999), p. 18.

당과 단골들을 중심으로 행해지는 개인 종교적 특징을 유지하고 있다.

이들 종교행위가 성립하는 구조는 단순하다. 문제가 생긴 의뢰인이 그 문제의 해결을 위해 무당이 가진 종교적 직능을 요청하는 것이다. 이때 무당은 의뢰인이 가지고 온 문제의 원인을 진단 분석하고 그 문제의 해결을 위한 방법들을 제시한다. 때론 부적 등과 같은 보다 손쉬운 방법으로 문제해결을 시도하기도 하지만, 좀 더 심각한 문제인 경우에는 굿을 통해 문제를 풀려한다. 이때 무당은 굿이라는 특별한 종교행위의 주례자로서 주체적 행위를 하게 된다. 이렇게 굿은 무당과 인간 그리고 신령이 한 자리에 만나 의뢰인에게 생겨난 문제를 해결하는 결정적 자리가 되는 것이다.[24] 바로 이런 종교행위 구조 속에서 샤머니즘이라는 종교가 가지는 세계관의 특징이 잘 드러난다.

무당들은 의뢰인을 비롯한 사람들이 가지고 오는 문제 대부분은 신령과의 관계가 원만하지 못했기에 생겨난다고 본다. 그리고 그 문제를 해결하기 위해 그들은 굿을 행한다. 여기서 우리는 샤머니즘에서 바라보는 신령에 대한 시각 하나를 알 수 있게 된다. 이들이 말하는 신령은 그리스도교에서 말한 신과는 다른 존재이다. 즉, 그리스도교에서 말하는 신, 하나님은 초월적 존재로서 이 세상을 창조하긴 했지만, 이 세상에 속해 있는 존재는 아니다. 물론 끊임없이 하나님은 의지와 계획 속에 세상의 역사를 주관하

---

24) 조흥윤, 『한국의 巫』 (서울: 정음사, 1986), p. 122.

지만, 그렇다고 신의 행위가 이 세상 내에서만 국한된다고 보지는 않는다. 반면 샤머니즘에서 말하는 신령이란 바로 '이 세계 내의 존재'이다. 존재의 양식만 달라졌을 뿐, 신령들 역시 인간들과 함께 더불어 이 세계 내에 머물며 실존적 경험을 나누는 존재들이다. 따라서 그들은 인간과 지속적 관계를 맺을 수 있는 존재들이며, 여기서 생겨나는 왜곡된 관계들이 바로 인간사의 많은 문제를 만들어 낸다고 보는 것이다. 따라서 이들 신령과 원만한 관계를 형성하는 것, 아니면 아예 이들이 달라진 존재 양식대로 서로 간섭하지 않고 살아가도록 각자의 자리를 정돈하는 일. 바로 그 일이 무당이 해야 할 가장 중요한 일들 중 하나인 것이다. 그리고 그런 종교행위를 통해 각 존재가 자신의 위치를 찾게 될 때 생겨났던 문제가 해결된다고 본다. 그리고 그것을 가능케 하는 것이 바로 굿이다. 따라서 굿이란 산자와 죽은 자의 조화를 위한 종교적 행위라고 할 수 있을 것이다.

굿이란 말은 순 우리말이다. 알타이어 계열의 언어들에서 이와 비슷한 말을 찾아본다면, 우선 퉁구스어의 쿠투(kutu), 몽골어의 쿠투크(qutuq), 터키어의 쿳(kut) 등을 들 수 있겠다. 이 단어들 역시 우리말 굿과 같이 복이나 행운을 뜻한다고 한다.[25] 이와 달리 이능화는 그의 글 『조선무속고』(1927)에서 굿이라는 용어가 '궂은 비', '궂은 일' 등에서 쓰이는 '궂다'에서 왔다고 주장한다. 따라서 험하고 흉한 일을 뜻한다고 보았고, 이를 통해 굿이란 좋지

___

25) 박일영, 『한국 무교의 이해』, p.87.

않은 일, 즉 궂은 일을 넘어서 평안과 행복을 비는 종교의례라 볼 수 있을 것이다.[26]

이 굿은 크게 세 개의 갈래를 가진다. 〈신굿-집굿-마을굿〉이 그것이다. '신굿'은 무당 자신에게 해당하는 것으로써 내림굿, 진적굿, 물림굿 등이 여기에 속한다. '집굿'은 가족들에게 찾아온 문제를 해결하기 위해 치르는 굿으로서 재수굿, 병굿(우환굿), 진오귀굿 등을 들 수 있다. '마을굿'은 지역공동체의 통합을 위해 치르는 집단적 종교 의례로 대동굿, 별신굿, 당산제 등이 여기 속한다.[27]

굿 의례의 진행 시간은 상대적으로 긴 편이다. 최근 기업화된 무당들은 이런 저런 이유로 굿을 몇 시간 단위로 끊어 진행하기도 하지만, 본디 굿이란 며칠씩 소요되는 큰 종교행사이다. 굿은 대략 12거리[28]에서 38거리 정도로 이루어진다. 몇몇 굿들의 경우는 45거리까지 행하는데, 보통 한 거리에 들어가는 시간이 짧게는 30분 길게는 2시간인 것[29]을 생각해보면, 이 굿 의례가 어느 정도 규모인지 가늠할 수 있다.

각 거리들은 청혼(請魂)행위를 통하여 문제의 원인이 되는 신령들을 불러내는 일로부터 시작된다. 그리고 불러낸 신이 내리게

---

26) 위의 책, pp. 87-88.
27) 박일영, 『한국 무교의 이해』, pp. 90-92.
28) 굿의 기본형은 열두거리이며 각 거리의 명칭은 다음과 같다. ① 不淨거리 ② 가망거리 ③ 山마누라 ④ 別星거리 ⑤ 大監거리 ⑥ 帝釋거리 ⑦ 天王거리 ⑧ 胡鬼거리 ⑨ 軍雄거리 ⑩ 倡夫거리 ⑪ 萬明거리 ⑫ 뒷전. 각 거리의 상세한 설명은 다음 글을 참조바람. 유동식, 『한국무교의 역사와 구조』(서울: 연세대학교출판부, 1985), pp. 296-297
29) 박일영, 위의 책, p. 94.

되면 경쾌한 음악과 춤으로 그를 즐겁게 해준다. 굿이 진행되는 과정에 무당들은 내린 신에게 빙의되어 의뢰자들에게 공수30)(쑛 授)를 내리기도 한다. 이는 사이코드라마에서 보이는 치유과정 같은 구조31)로서 이를 통해 살아있는 의뢰자들은 죽은 자와의 틀어진 관계를 회복하는 경험을 하게 된다. 이 과정을 거쳐 문제의 원인이 해결되면 굿은 성공리에 그 임무를 완수하게 되는 것이다. 처음부터 끝까지 굿의 주목적은 문제의 해결이며, 그 방법은 신령과의 관계 회복이다. 틀어진 관계를 조화롭게 하는 것. 그로써 문제의 해결을 선포하는 종교적 행위가 바로 굿인 것이다. 무당들은 이렇게 인간과 신령의 중재자로 활동한다.32)

3. 치성과 영성

지금까지 샤머니즘의 기복주의와 주요 종교 의례인 굿의 의미와 구조에 대하여 살펴보았다. 이제 다시 이 글의 본 주제였던 '한국교회와 샤머니즘과의 관계'에 대해서 되짚어 보도록 하자. 특히 부정적 의미로 자주 언급되는 '한국교회의 샤머니즘화'에 대하여 좀 더 논의를 전개해 가 보도록 하자. 우리는 앞서 이

---

30) 굿 의례 중 무당이 의뢰인에게 내뱉는 말을 뜻한다. 보통 무당들이 신을 접한 후 신령의 기운으로 의뢰자와 굿 의례에 참여한 이들에게 건네는 말을 공수라 한다.
31) 무당이 행하는 굿의례와 사이코드라마와의 관계에 대해서는 다음 글을 참조하라. 고강호, "사이코드라마티스트와 무당" 한국사이코드라마.소시오드라마학회, 「한국사이코드라마학회지」Vol.4, 2001, pp. 129-139
32) 박일영, 위의 책, p. 96.

를 위해 '기복'이라는 핵심 단어 하나를 찾아냈었다. 그리고 '한국교회의 샤머니즘화'를 풀어 설명하면 다음과 같을 것이다: '한국교회의 기복적 특징은 한국인들의 종교적 심성을 이루는 샤머니즘으로부터 연원한 것이다.' 이러한 설명을 통해 사람들은 샤머니즘이 가지는 기복 행위가 교회에 영향을 주어서 교회의 본질이 훼손되어버렸다는 인식을 했을 것이다.

여기서 좀 꼼꼼히 새겨야 할 부분은, 전가보(傳家之寶, 가보로 내려오는 명검)처럼 사용하는 '한국인의 기층적 종교심성에는 무교가 자리한다'라는 명제이다.[33] 그런데 한국인의 심리적 뿌리에 무교적 성향이 자리하고 있다는 식의 명제는 일종의 '이념적 선언'이지 '객관적 검증의 결과'는 아니다. 기실 이런 유의 정의를 사용하기 위해서는 매우 세심하고 조심스런 접근과 관찰, 그리고 연구가 필요할 텐데도 적지 않은 연구가들이 '한국인의 기층적 종교 심성'이라는 거대담론을 공공의 영역에 너무도 쉽게 공시한다. 심지어 몇몇 경우에는 한국에 수없이 많은 외래 종교들이 들어왔지만(불교, 유교, 기독교) 끝내 그들 종교와 습합하여 살아남은 것이 샤머니즘이라고 진단하기까지 한다.[34] 그런데 과연 현대

---

33) 이와 같은 견해는 유동식을 위시해 많은 학자들이 주장하고 있는 바이기도 하다. 유동식은 무교연구에 대한 그의 저명한 저술에서 한국 문화의 지핵으로 무교를 꼽는다. 거기에 더 나아가 무교는 지속적으로 한국인들의 행동방식과 가치관 세계관 형성에도 지대한 영향을 끼치고 있다고도 지적한다. 유동식, 『한국무교의 역사와 구조』(서울: 연세대학교출판부, 1985), p. 15. 이는 최준식에게서도 읽혀진다. 그는 무교를 한국인의 '영원한 종교'라고 까지 부르고 있다. 최준식, 위의 책, p. 24. 조흥윤 또한 巫가 한국인 의식 구조의 저변을 이루고, 한국 문화의 기본흐름이었다고 보고 있다. 조흥윤, 위의 책, p. 10. 그리고 김영동도 그의 논문에서 한국의 샤머니즘을 한국인의 심성과 생활태도를 형성하는데 본질적 역할을 한 것으로 평가하고 있다. 김영동, "샤머니즘과 한국교회의 신학과 신학교육", 한국기독교학회, 「한국기독교신학논총」Vol. 11, p. 307.
34) 김영동, "샤머니즘과 한국교회의 신학과 신학교육", p. 307.

사회에 여전히 행해지고 있는 무교라는 종교현상이 아주 오래전 한반도에 있었을 것으로 추정되는 그 어떤 종교 전통의 직계라는 증거가 있기는 한 것인가? 수천 년이라는 시간의 간격을 메워 주는 구체적 물증도 없이 선언적으로 진단하는 것은 학문적으로 위험할 뿐만 아니라 정당한 자세라 보기에도 어려울 것이다.

다시 처음에 제기했던 문제로 돌아와 '샤머니즘은 기복적이고 그것은 또한 부정적인가?'라는 문제에 좀 더 집중해 보도록 하자. 이미 앞에서도 살펴보았듯이 몇몇 병리적 행태를 제외하고 보자면, 한국의 샤머니즘 종사자들의 기복주의는 곧 지나친 '재물의 축적'을 의미하지는 않는다. 무당들은 굿이라는 종교 의례를 통해 의뢰인들이 가지고 온 당면하는 실존적 문제 해결에 집중하는 것을 주업으로 하기 때문이다. 따라서 기복을 이기적 축재나 그 이상을 넘어서는 병리적 현상으로 파악하려고 하는 시도는 기실 무교적 신앙행태에 대한 기존의 부정적 편견으로부터 생겨난 결과적 인식이라 할 것이다.[35]

특수한 왜곡현상만을 가지고 종교 전통 전체의 공과를 언급하는 것은 문제의 해결이나 정확한 진단이 될 수 없을 것이다. 그런 점에서 한국교회는 샤머니즘에 대한 기존 이해를 넘어서는 객관적이고 중립적인 시선을 갖춰야 할 필요가 있다. 이런 점에서 앞서 인용한 〈뉴욕 타임즈〉의 기사는 한국교회의 관심을 불러일으키기에 충분해 보인다. 개화되고, 문명화되고, 심지어 정보화

---

35) 이길용, 『종교학의 이해』 (서울: 한들출판사, 2007), p. 50.

에도 앞서가고 있는 한국 사회에 오히려 샤머니즘이 더욱 성행하고 있다는 이 엄연한 현실. 이것이 우리 사회와 한국교회에 웅변하고 있는 것은 무엇인가? 이 문제 앞에 오히려 한국의 샤머니즘은 한국교회로서는 배척해야 할 그 무엇이 아니라 타산지석의 대상이 되고 있다 할 것이다. 물론 샤머니즘은 한국교회로서는 극복하고 넘어서야 할 대상이다. 다만 여기서 우리가 주목해야 할 부분은 왜 현대 사회에 수많은 의뢰인들이 샤머니즘과 그 직능인들을 찾고 있는가 이다.

〈뉴욕 타임즈〉의 기사 말미에는 다음과 같은 내용이 실려 있다. 나이 60인 양순임이라는 무당은 한 달에 3일 정도밖에 쉴 시간이 없을 정도로 의뢰인이 넘쳐나고, 또 이전과 달리 굿과 무업도 숨길 필요 없이 떳떳하게 드러내놓고 하고 있다고 한다.[36] 소략한 사례이긴 하지만, 이 말은 여전히 많은 수의 한국인들이 무당과 샤머니즘을 통해서 그들의 종교적 욕구 혹은 삶의 문제를 해결하고 있다는 것을 보여준다. 무엇이 이러한 현실을 가져오게 하는 것일까? 한쪽에서는 끊임없이 부정적 평가와 더불어 극복의 대상으로 삼는 샤머니즘이 다른 한쪽에서는 많은 이들의 관심 속에 중요한 종교 전통으로 자리매김하고 있는 이 기현상은 왜 생겨난 것일까? 바로 이 부분에 대한 진지한 숙고와 반성이 자리하지 않는다면 여전히 한국교회의 샤머니즘 이해는 부분적이고 편파적이며, 여전히 오해의 영역에 있다 할 것이다.

---

36) *http://www.nytimes.com/2007/07/07/world/asia/07korea.html?scp=1&sq=shaman-ism%20korea&st=cse*

무엇보다 한국교회가 잊지 말아야 할 것은 샤머니즘이 보이는 부정적 장면이 아니라, 그것이 우리 사회에 보여주고 있는 긍정적 그림들이다. 그것들에 대한 진지한 접근과 이해의 자세가 문제를 푸는 고갱이가 될 수 있을 것이다. 이를 위해 우리는 무당의 일상을 눈여겨 살펴볼 필요가 있다.

무당들의 일상은 크게 두 개로 나뉜다. 우선 신령을 모시는 일과 신도를 돌보는 일이다.[37] 신령 모시는 일은 무당 개개인의 몸주신 섬기는 일이 우선이 된다. 무당들은 거주하는 곳의 공간 하나를 신령을 위한 곳으로 사용한다. 일종의 개인 신당인 그곳에서 그들은 매일 아침마다 기도하고, 신령의 현존을 체험키 위한 종교 행위를 쉼 없이 반복한다. 이는 그들 나름대로 일종의 영성훈련이라 할 수 있을 것이다. 향을 피우고, 매번 정화수를 갈아 올리고 정성을 다하여 몸주신과의 관계를 매번 재설정한다.[38] 몸주신과의 관계가 제대로 이어지지 않는다면 무당의 역할과 임무는 사실상 종결되었다고 볼 수 있다. 물론 이러한 종교적 수행관계가 생략된 채 직능적 행위에만 매달리는 변색된 직업적 무속인들도 있을 것이다. 하지만 제대로 무업에 몰두하는 무당들이 보여주는 종교수행은 성실하고 또 치밀하다. 신령과의 접촉 없이 그들의 종교기능은 가능치 않기 때문이다.[39] 그래서 매일 신령을 모시고 체험하는 훈련을 반복한다. 그리고 정성을 다하여 자신

---

37) 조흥윤, 『한국의 巫』 (서울: 정음사, 1986), p. 44.
38) 박일영, 『한국 무교의 이해』, p. 42.
39) 최준식, 『한국의 종교, 문화로 읽는다①』 (서울: 사계절, 1998), p. 26.

의 몸주신을 섬긴다. 햇과일과 곡식이 나오면 그를 신당 제단에 올리고, 특별한 음식을 했을 때도 그것을 올린다. 강신체험을 한 날과 같은 특별한 때나 기념일에는 산이나 강 혹은 바다에 가서 신령들을 위한 종교의례를 정성껏 드리기도 한다.[40]

또한 무당들은 신도 돌보는 일에도 골몰하게 된다. 이들은 각 의뢰자의 문제가 무엇인지 정확히 진단할 수 있어야 하며, 아울러 그 문제를 일으키는 신령들을 불러낼 수 있는 능력이 있어야 한다. 이 일을 위해 그들은 자신들의 몸주신의 도움을 받는다. 그만큼 그들에게 신령과의 접촉은 매우 중요하다. 그래서 무엇보다도 그들은 신령과의 만남을 지속하기 위해 끊임없이 애를 쓰고 노력한다. 이를 무당들은 치성(致誠)이라 부른다. 그들은 매순간 신령과의 교감을 잃지 않기 위해 최선의 경주를 다 한다. 왜냐하면 그것이 그들의 생명줄이기 때문이다. 그리고 찾아오는 의뢰인에 대한 철저한 공감대 형성에도 최선을 다한다. 심지어 사이코드라마의 역할극처럼 그들은 종교의례 속에 의뢰인들과 동화되어 그들이 가지고 온 문제를 풀고 조화를 꾀하는 행위도 마다치 않는다. 그것은 그들 마음속에 의뢰인에 대한 기본적 동류의식이 전제되지 않고는 불가능한 일일 것이다. 이 모든 일이 신학적 입장에서 살피자면 예민한 영성 유지를 위한 그들 나름대로의 훈련으로 파악할 수 있게 된다.

이런 점에서 현대 한국 사회에 샤머니즘이 재흥되는 현상은 지

---

40) 박일영, 위의 책, p. 42

금 한국인들은 교회보다 무당에게서 더 예민한 종교 영성과 자신과의 공감대를 느끼고 있다는 한 예라고도 할 수 있을 것이다. 그리고 그러한 유입의 결정적 동기는 무당들의 '치성'에 있으며, 이는 신학적으로 해석하자면 그들의 예민한 영성훈련과 유지가 샤머니즘 재흥의 주요 요인이 되고 있다 할 수 있을 것이다.

4. 닫는 글

현대 한국 사회에서 일어나는 샤머니즘의 부흥은 국내외 매체가 주목할 정도의 규모이다. 첨단 IT 산업으로 명성 높은 한국 사회에서 전-근대적 종교라 불리던 샤머니즘과 그에 관련된 업종에 종사하는 직능인들의 숫자가 날이 갈수록 늘어나고 있다는 것은 묘한 관심을 불러일으키기도 한다. 이 글은 바로 그 점에 주목하여 현대 한국 사회는 다시 확산되는 샤머니즘의 구조적 특징과 요인을 분석하고자 하였다.

그 일을 위해 우선 넘어서야 할 과제는 샤머니즘에 대한 기존 판단을 보류하는 일이다. 지금껏 한국교회에서 샤머니즘에 대한 시각은 부정적이었다. 심지어 한국교회의 부정적인 모습을 샤머니즘의 영향 탓으로 돌릴 만큼 샤머니즘과 그 관련자들은 타산지석이라기보다는 혐오와 극복의 대상이었을 뿐이다. 그리고 샤머니즘의 부정적 평가의 주된 요인은 그들의 기복 지향적 특성에 있다 할 것이다. 하지만 자세히 살펴본 샤머니즘의 기복적 특징은 몇몇 왜곡된 사례의 일반화일 뿐이지, 본래 샤머니즘의 기능은 실존적 문제의 해결에 있는 것이지 도를 넘어서는 재물을 축재하거나 그것을 기대하는 데 있지는 않음을 확인할 수 있었다. 물론 그렇다고 그들의 기복이 기독교처럼 초현세적이고 일상을 넘어서는 성격으로까지는 나아가지는 않는다. 샤머니즘의 기복은 철저히 현세에 초점을 맞추고 있고, 지금 여기 일상의 문제를 푸는 것에 집중하고 있다. 의뢰인의 실존적 문제를 풀기 위한 샤머니즘의 해결책은 굿이란 의례이다. 무당들은 이 굿을 효과적으로 진행하기 위해 치성을 통한 신령 모시기에 최선을 다한다. 왜냐하면 굿의 성공 여부는 무당들이 얼마나 신령과의 긴밀한 관계를 유지하고 있는가에 달려있기 때문이다.

서두에서 밝혔듯이 교회는 본질적으로 선교적이다. 그리고 그 핵심은 그리스도를 매개로 하나님께서 이 세상에 활동하고 계심을 선포하는 것이다. 따라서 무엇보다 교회는 하나님과의 관계 설정에 최선의 경주를 다해야 할 것이다. 이런 선교적 교회의 본질을 염두에 두고 작금 한국 사회에 불고 있는 샤머니즘의 열풍을 몇 가지로 해석할 수 있을 것이다.

우선 샤머니즘의 처방이 실효적으로 한국 사회 구성원들에게 인정받고 있다는 사실이다. 이는 샤머니즘의 사회적 기능과 역할이 부정적이냐 긍정적이냐를 넘어서는 객관적 현실이다. 50여만 명을 헤아리는 샤머니즘 관련 종사자들이 활동하고 있고, 또 이들에게 지속해서 의뢰인들이 모여들고 있다는 것은 생활세계 내에서 이들이 행하는 활동의 효용성을 인정하지 않을 수 없게 만든다. 한국교회는 기존의 부정적 선입견으로 이 객관적 사실 배후에 있는 실존적, 상황적, 종교적 의의를 간과해서는 안된다. 많은 의뢰인이 여전히 무당과 역술인들을 찾는다는 것은 그들의 실존 상황이 불안하며, 이를 종교적 모색을 통해 해결하려 하고 있다는 것을 보여주는 것이다.

무당의 '치성'은 신학적으로 살펴볼 주요한 주제이다. 무당은 몸주신과의 영성적 동거를 무엇보다 중히 여긴다. 그래서 매일 아침부터 신령을 섬기며, 기도하고, 음식을 올리는 치성 행위에 집중하고 몰두한다. 이러한 무당들의 치성을 신학적으로 풀이하면 영성 훈련의 하나로 볼 수 있다. 영성이란 말은 기도 생활을 통하여 개인의 영혼이 하나님과의 관계 속에서 성장하고, 더 나아가 하나님과의 하나 됨을 추구하는 수덕적이고 신비적 의미로 사용되어왔다. 따라서 영성은 내면적 삶, 영적인 삶, 개인의 경건, 완성의 추구를 뜻한다.[41] 이 점에서 무당들이 보여준 치열한 정성의 모습은 그리스도교 전통의 영성훈련과 여러 점에서 닮아 있다. 물론 구원론적 차원에서 샤머니즘의 경우 초월적 하나님이나 구원자로서 그리스도의 개념은 자리하지 않는다. 다만 신령을 모시고, 그 신령을 자기 몸으로 체험하고자 하는 그들의 열정과 수련 방식은 눈여겨 볼 필요가 있을 것이다.

그러한 노력이 외부인들에겐 '영험'한 이들로 인식하게 하였고, 결국 그러한 상황이 한국 샤머니즘의 성행토록 하는 길이 되었

---

41) 정용석, "기독교 영성연구"(한국대학선교학회, 「대학과 선교」 Vol. 15, 2008), p. 17

을 것이다. 바로 이들의 노력, 즉 치성이 한국교회가 타산지석으로 삼아야 할 대상이 될 수 있을 것이다. 이를 통해 이 세상에서 활동하시는 하나님의 현존과 임재를 증언하는 훈련에 매진하는 것, 그것이 지금 샤머니즘의 재흥이 한국교회에 던지는 메시지일 것이다.

VII

현대 문화 속 성결의 회복

이 글은 어떻게 하면 세속화된 현대 문화 속에서도 성결 운동의 정신을 회복, 유지, 확산할 수 있을지에 관한 고민을 담고 있다. 제목을 통해 이 글이 다뤄야 할 개념과 주제를 구별해 보자면, '현대', '문화', '성결' 등이다. 논의를 본격적으로 전개하기에 앞서, 먼저 언급된 용어들을 개략적이나마 설명하는 것이 논지의 명증함을 위해 효율적일 것이다. 물론 현대와 문화라는 용어는 한 묶음으로 생각할 수도 있다. 현대 문화 속에서 어떻게 성결을 회복할 수 있겠느냐는 글의 목적으로도 이 둘은 떼어놓기보다는 하나의 묶음 속에 고려하는 것이 타당해 보인다. 그래서 글은 현대 사회와 문화의 특징을 살피는 것으로 시작될 것이다.

이후 성결 운동의 특징을 살펴볼 것인데, 특정한 지향과 목적을 갖는 이런 유의 글일수록 충분히 예상된 노정을 밟을 가능성이 짙다. 틀에 박힌 스테레오타입적 훈계에 머물지 않으려면 참신한 전략을 세우는 것이 필요하다. 이 글의 전략은 새로운 관점의 제공이다. 그래서 교회 영역에선 잘 언급되지 않았던 몇몇 학자의 관점을 소개하고, 이를 성결 운동과 결부하여 새로운 가능성을 모색하는 방법을 택하려 한다.

그렇게 선별된 학자가 미디어 연구가인 마셜 매클루언[01](Marshall McLuhan, 1911~1980)과 종교문화연구가 데이빗 치데스터

---

01) 매클루언은 연구자에 따라 '맥루한', '매클루언' 등으로 불리는데, 이 글에선 원어 발음에 가까운 매클루언으로 표기하도록 한다. 그는 캐나다의 영문학자로 1964년『미디어의 이해-인간의 확장』(*Understanding Media: The Extensions of Man*)을 펴내면서 미디어학이라는 새로운 현대 학문의 문을 열었다. 미디어에 관한 그의 독특하고 참신한 관점은 이후 미디어 연구에 역사적 전환점이 되었고, 텍스트를 넘어 그것을 실어나르는 미디어 자체에 메시지가 관련됨을 밝힌 그의 혜안은 미디어 연구의 새장을 열었다고 평가되고 있다.

02)(David Chidester, 1952~)이다. 우선 매클루언은 미디어 연구라는 새로운 분야를 개척한 학자이며 그가 제시한 미디어론은 현대 문화를 이해하기에 매우 요긴한 잣대가 되기에 우리 논의에서 주요한 역할을 할 것이다.

치데스터는 제목부터 자극적인 『진짜 같은 가짜들』(Authentic Fakes, 2005)에서 미국 대중문화를 종교에 빗대어 연구한 것으로 유명하다. 그는 종교와 대중문화가 하나일 수는 없으나, 일상적 활동에서는 유사성이 있음을 지적한다. 무엇보다 치데스터는 종교와 대중문화의 유사성을 '촉각'(tactility)에서 찾고 있는데, 이 글에서도 그 점에 집중하여 논지를 전개할 것이다. 우리가 주목하고 있는 성결이라고 하는 것도 충분히 치데스터가 말하는 촉각의 범주 내에서 이해 가능한 것으로 상정하고 보다 구체적이고 실질적인 논의를 전개한다면, 현대 사회 성결 회복이라는 이글의 목적에 어울리는 대안을 찾을 수 있을 것이라 기대해 본다.

1. 현대 사회의 문화적 특징

현대는 세속화 사회이다. 모든 인식의 근거에 신을 상정하지 않고 인간이 중심을 차지한 채 인식 이성으로 세계를 수학적 구

---

02)　남아프리카공화국의 케이프타운 대학교 종교학과 교수이며, 남아프리카 비교종교학 연구소 소장을 역임하였다. 미국인이면서도 남아프리카에 있는 교수직을 수행하며 아프리카와 북미의 문화와 종교를 비교하는 연구 활동을 왕성히 진행하고 있다.

도로 파악, 재구성할 수 있다는 믿음이 현대 사회를 지탱하는 가장 큰 세계관이라 할 수 있다. 신적 계시와 그에 대한 인간의 응답인 신앙이 모든 지식의 토대를 이루었던 중세와 달리, 이른바 계몽의 시대는 이렇게 신과 신앙의 자리에 인간과 이성을 올려놓았고, 그를 중심으로 세계를 합리적 구도 하에 해석-진단-판단하게 되었다. 그런 구도 아래 세상은 세속화되었고, 인간은 이를 공적 교육으로 강화하며 바야흐로 신 없는 사회의 완성을 목전에 두고 있다.

스코틀랜드 출신 종교학자이자 성공회 사제이기도 한 니니안 스마트(Ninian Smart, 1927~2001)는 종교를 '세계관'(Worldview)으로 보았다.[03] 스마트의 세계관은 기실 그보다 앞선 세대에 자연과학의 도전 앞에 정신과학의 고유함을 '체험'(Erlebnis), '표현'(Ausdruck), '이해'(Verstehen)에서 찾았던 딜타이(Wilhelm Dilthey, 1833~1911)에 빚진 바 크다. 딜타이는 인간의 정신과 그것의 문화-역사적 결과물들은 연구 대상을 특정한 시공 속에 화석화하여 탐구하는 자연과학의 방식으로는 제대로 이해할 수 없다고 보았다. 살아있는 인간 정신을 제대로 이해하기 위해서는 '역사'와 '경험'을 배제하고는 불가능하다고 선언하였고, 결국 이러한 딜타이의 관점은 '세계관 이해'가 정신과학의 목적임을 강조하는 데 이른다. 인간이 이해하는 세계는 독립된 외부적 대상 그 자체

---

03) 그의 이런 관점은 1981년도에 펴낸 『종교와 세계관』(*Worldviews: Crosscultural Explorations of Human Belief*)에 잘 나타나 있다. 이 책의 우리말 번역은 다음을 참조하라. 김윤성 역, 『종교와 세계관』(서울: 이학사, 2000)

라기보다는 인간의 생이 객체화된 것이며, 그러한 인간의 생에 의미를 부여하여 해석된 것이 세계관이다. 니니안 스마트는 이러한 딜타이의 해석을 충실히 따르며 그것을 종교의 영역에도 적용하려 하는 것이다. 딜타이와 스마트의 관점을 받아들인다면 종교역시 세계관이며, 따라서 현대는 '신 없는 세계관'의 시대라 할수 있다. 게다가 이를 공교육을 통해 체계적 (세속화) 교리교육까지 집중되고 있으니 현대는 세속화라는 거대한 '종교사회'[04]라 하기에 전혀 어색하지 않을 것이다.

바로 이 지점에 교회의 고민이 자리한다. 신앙의 울타리에 보호받던 중세를 지나 현대에 이르게 되면 교회 밖 환경이 철저히 무신적 세계관으로 가득 차 있기 때문이다. 교회에서 아무리 신앙을 강조하고, 더불어 신과 함께 하는 삶을 교육해도 교회보다 훨씬 많은 시간을 보내야 하는 세속의 공간에서는 쉼 없이 신 없음의 이념이 설교 되고 있기 때문이다. 이런 점에서 현대 교회의 가장 강력한 경쟁자는 현대 사회 그 자체라 해도 지나치지 않을 것이다. 무신론적이며 세속적인 현대 사회, 그리고 이를 뒷받침하고 있는 공교육의 옹벽을 어떻게 처리할 것인가가 지금 교회가 풀어야 할 가장 어려운 과제라 할 것이다.

이러한 현대 세계관의 토대를 이루는 것은 '의심의 해석

---

04) 이 말은 현대를 단순 세속사회가 아니라, 그 자체로 세속적 세계관의 종교사회임을 강조하기 위해 사용하였다. 스마트의 관점을 수용한다면 종교는 세계관이다. 따라서 세속적 세계관 역시 종교의 기능을 한다고 볼 수 있는 것이다. 그 점에서 현대 사회는 세속적 종교사회이고, 공교육 기관은 현대의 세속교리를 전파하는 신앙교육기관으로 유비될 수 있을 것이다.

학'(hermeneutics of suspicion)이다. 이 용어는 폴 리쾨르(Paul Ricœur, 1913~2005)가 그의 『프로이트와 철학』(Freud and Philosophy, 1965)에서 처음으로 사용하였는데, 이 책에서 그는 해석학을 '믿음의 해석학'과 '의심의 해석학'으로 구분하고 있다. 믿음의 해석학이란 주어진 텍스트의 의미를 복원하려는 것인데 반해, 드러난 현상 속 숨겨지고 위장한 의미를 파악하려는 것을 의심의 해석학이라 보았다. 이른바 의심의 해석학을 주도한 인물로 리쾨르는 칼 맑스(Karl Marx, 1818~1883), 지그문트 프로이트(Sigmund Freud, 1856~1939), 프리드리히 니체(Friedrich Nietzsche, 1844~1900)를 들고 있다. 이들 모두 기존 그리스도교 중심의 일원적 세계관에서 벗어나 신 없이 세계를 해석할 수 있는 길을 열어준 사상가들이라 할 수 있다. 이처럼 의심의 해석학이라는 세계관 위에 세워진 현대 사회는 뼛속까지 세속적이다. 이런 맥락에서 현대 사회는 종교가 성행하기 매우 어려운 환경이다. 핵심적 세계관이 무신론적이며 공교육이 이를 체계적으로 유지, 확산하고 있으니 신적 체험에 기반한 종교가 설 자리는 줄어들고 좁아지는 것이 어쩌면 당연한 일이라 하겠다.

현대는 또한 '문화의 시대'다. 실제로 문화와 관련된 정보와 소식 그리고 사업은 이전 시대와는 비교도 할 수 없을 정도로 확대하고 있기도 하다. 그 배경에는 20세기 들어 빠른 속도로 성장한 매스 미디어의 역할이 크다. 과거 다양한 문화 혜택을 누리고 즐길 수 있는 계층은 극히 제한적이었다. 필하모닉 오케스트라의 웅장한 교향악 연주와 성대한 장식과 화려한 분장에 음악과 더불어 진행되는 오페라, 그리고 현장감 높은 무대 위에서 펼쳐지는 연극 등이 과거 사람들이 즐길 수 있는 문화콘텐츠였다. 이런 문화 서비스를 제대로 누리기 위해서는 작품을 기획하고, 만들어 공연할 수 있는 비용을 제공하거나 지원할 수 있는 경제적 능력이 뒷받침해줘야만 했다. 그러니 아무리 훌륭하고 볼만한 콘텐츠가 있다 하더라도 경제적으로 한계가 있는 서민들에겐 다가서기 힘든 장벽이 될 뿐이었다.

매스 미디어의 발달은 그와 같은 호사를 특정 계층의 독점에서 모두를 위한 것으로 바꾸었다. 한 번에 많은 수의 고객을 끌어 담을 수 있는 매스 미디어는 콘텐츠 소비 비용을 최대한으로 낮출 수 있었다. 몇백 명을 위한 콘텐츠의 가격보다는 몇백만 명, 몇천만 명 혹은 몇억 명을 위한 콘텐츠 향유 비용이 비례적으로 줄어들기 마련이다. 이제 문화콘텐츠는 서민도 즐기고 누릴 수 있는 것이 되었다.

현대 매스 미디어로 필수 가전 중 하나인 TV를 들 수 있다. TV의 화질개선 속도는 눈부실 정도이다. SD(Standard Definition, 720×480)를 넘어, HD(High Definition, 1280×720), 다시 FHD(Full High Definition, 1920×1080)를 넘어 최근에는 UHD(Ultra High Definition, 3840×2160)까지 나와 있다. HD TV는 16:9 화면비율을 표준으로 삼을 때 1280×720 정도이다. Full HD는 1920×1080이고 UHD 8K는 최대 7680×4320까지 나온다. 매우 선명한 필름 영화의 해상도가 4096×2160인 것을 생각해 보면, 8K UHD

의 해상도는 그것의 2배 가까이에 이른다. 말 그대로 영화를 개인 가정의 거실 안으로 가져온 셈이다. 거기에 다채널 돌비 서라운드 시스템까지 갖추면 곧 거실이 영화관이 되는 셈이다. TV를 '쿨미디어'(cool media)로 봤던 매클루언의 구분이 무색할 지경이다.

매클루언은 해상도에 따라 미디어를 구분했다. 그것이 바로 '핫 미디어'와 '쿨 미디어'이다. 핫 미디어의 특징은 '고 정밀성'(high definition)과 '저 참여성'(low participation)이고 화질 좋은 영화나 음질이 뛰어난 라디오 같은 미디어가 여기에 속한다. 반면, '쿨 미디어'는 '저 정밀성'과 '고 참여성'을 주요 특징으로 하고, 브라운관 TV 등이 대표적이다. 매클루언은 핫 미디어를 대하는 수용자의 자세는 수동적이고 피동적이지만, 쿨 미디어의 수용자는 더 적극적이고 능동적 참여를 요청받는다고 보았다. 떨어지는 해상도의 부족한 부분을 수용자의 능동적 참여와 집중을 통해 보완한다는 의미이다. 매클루언이 대표적인 쿨 미디어로 보았던 TV가 지금은 영화관에 버금가는 화질에 CD 음질 못지않은 음향을 갖추었다. 이제 더는 TV를 쿨 미디어로 볼 수 없을 것이다. 이처럼 미디어의 세계도 기술문명의 발전과 더불어 해석의 영역이 바뀌거나 확장될 수 있다.

TV만 이런 것이 아니다. 영화계의 변신도 눈부시다. 이제 3D는 물론 영화의 내용에 따라 움직이는 진동형 좌석에 비와 바람의 세밀함을 느낄 수 있는 4D, 5D 장치가 관객의 체감지수를 최대치로 끌어올리고 있다. 음악 역시 이전 카세트테이프 플레이어에서는 맛볼 수 없었던 세밀하고 깨끗한, 그리고 깊이 있는 울림을 휴대용 기기만으로도 충분히 느낄 수 있게 되었다.

거기에 현대 매스 미디어의 종결자 스마트폰의 등장과 그에 따른 사회변화는 혁명적이기까지 하다. 손바닥만 한 기기를 들고 다니며 장거리 통화를 하며, 문자도 주고받고, 거기에 음악을 들으며 영화를 감상하고, 인터넷 검색을 넘어 간단한 문서작업도 가능하며, 사무실 작업까지 너끈히 해낼 수 있을 거라고는 생각조차 못 하던 때가 그리 먼 옛날도 아니다. 21세기 최대의 발명품이라 불리는 스마트폰의 등장은 이 모든 것을 현실로 만들었다. 사람들은 이제 스마트폰 없이 하루도 살 수 없게 되었다. 점점 그 정도와 강도는 심해져서 요즘은 어렵지 않게 커피숍에 모여 서로 이야기하기보다는 각자의 스마트폰에 빠져 몰입해 있는 사람들을 만나게 된다. TV, 영화, 잡지, 신문, 컴퓨터, 스마트폰 등등. 수많은 미디어의 발달은 결국 인간 자체를 바꾸어 버리기에 이른다. 미디어가 '인간 인식의 확장'을 가져오고 이는 곧 인간의 변화를 이끌 것이라 주장한 매클루언의 『미디어의 이해』(Understanding Media: The Extensions of Man, 1964)가 세상에 나온 지 50여 년 만에 예언은 현실이 되었다.

매클루언이 말하는 미디어는 매체적 특성을 훨씬 넘어서 있다. 미디어는 갑의 메시지를 을이나 병에게 전달하는 도구로만 멈춰 있지 않는다. 어떤 미디어를 전달 도구로 사용했는가에 따라 메시지의 의미와 강세도 달라질 수 있기 때문이다. 목소리로 전달할 때와 성능 좋은 앰프와 스피커를 사용할 때, 그리고 문자에 기반한 우편, 전화 그리고 멀티미디어 등 다양한 매체와 그것이 지닌 속성에 따라 메시지의 의미는 탄력적으로 수용될 수 있기 때문이다. 미디어의 이와 같은 속성에 착안하여 매클루언은 인류의 역사를 미디어에 따라 재구성한다. 구어시대(Oral Age)-문자시대(Literate Age)-인쇄시대(Gutenberg Age)-전기시대(Electric Age)가 그것이다.

우선 구어시대는 촌락 중심의 거주 환경이었고, 의사소통은 오감(시각-청각-미각-후각-촉각)을 활용하였고, 인간의 목소리가 주된 매체로 활용되었다. 매클루언은 인간이 활용할 수 있는 가능한 모든 감각을 갖고 서로 소통했다는 의미로 구어시대의 특징을 '복수 감각형'이라 칭했다.

두 번째 문자시대부터 특정 감각, 즉 시각의 비중이 커가기 시작했다. 한자와 알파벳을 비롯한 문자 기호가 등장하면서 인류는 '보는 것'을 통해 메시지를 주고받게 되었다. 그러나 문자시대 역시 대다수 민중은 구어시대의 특징을 유지하고 있었다. 교육받지 못한 이들이 대다수였기에 문자는 소수 특정 계층의 전유물로 머물러 있었기 때문이다.

시각 중심형 인간이 전면에 나서게 된 것은 인쇄시대부터이다. 구텐베르크(Johannes Gutenberg, 1398~1468)의 금속활자 인쇄 기술은 특정 계급의 전유물이었던 책을 일반 시민계급으로 확산시켰다. 전문적 필경사가 양피지에 정성스레 써내려 완성한 이전의 서적은 일반 시민들이 소유하기에는 너무 비쌌다. 그러나 구텐베르크의 인쇄술과 동시에 유럽에 확산하기 시작한 제지기술은 서적 출판 단가를 이전보다 훨씬 낮추게 되었고, 이는 곧 독서인구의 증가를 가져왔다. 이는 선순환적으로 다시 왕성한 출판물을 생산하는 계기가 되었고, 이렇게 인쇄시대는 급속도로 지구촌을 장악하기에 이른다. 인쇄시대 인류의 지식과 정보의 집중은 이전 시대와는 비교할 수 없을 정도로 빨라졌다. 그러나 인쇄시대의 문제는 소통의 도구가 '시각'으로만 한정된다는 점이었다. 상대적으로 인간의 다른 감각(청각-후각-미각-촉각)은 소홀해졌고, 지식과 정보의 습득도 '독서행위'라는 특정 방식에 집중되었다. 인쇄시대의 정보 교환은 매우 효율적이었다. 시공의 제약을 받지 않고 상대적으로 적은 부피의 서적으로 인류의 축적된 정보와 지식을 집중적으로 습득할 수 있었다. 이러한 인쇄시대에 인류는 르네상스와 종교개혁 그리고 근대과학을 발전시켰다.[05] 그러나 앞서 지적했던 것처럼 오감을 소유한 인간의 관점에서 인쇄시대는 시각 집중의 정보 교환이라는 한계 역시 있었다.

전기시대에 이르러 이러한 인쇄시대의 시각 중심적 한계를 넘어서게 되었다. TV, 라디오, 컴퓨터, 인터넷 등 전기에 기반한 각종 스마트 기기들은 책 읽기에 특화되었던 인쇄시대의 한계를 뛰어넘을 것을 인류에게 강요하고 있다. 이제 텍스트 기반만이 지식 전달과 교환의 전부가 아니다. 현대인은 다양한 멀티미디어 콘텐츠를 통해 지식과 정보를 나누고 습득한다. 새로운 기기가 나오게 되면, 이전 인쇄시대의 인류는 매뉴얼과 안내서를 꼼꼼히

---

05) 조맹기, "맥루한의 미디어- 인쇄, TV, 그리고 인터넷 미디어를 중심으로", 「한국출판학연구」51호, 2006. p.17

살피어 숙지해야만 했다. 그래야 실수 없이 새로운 기기에 적응할 수 있었다. 하지만 지금은 곧바로 인터넷 검색을 통해 사진과 동영상으로 만들어진 살아있는 매뉴얼을 만나게 된다. 글자를 몰라도 약간의 시간만 투자하면 새로운 기기를 사용하는 데 전혀 문제가 없다. 그러니 사람들은 다시 복수 감각형이 되어간다. 이제 시각만이 전부가 아니다. 인간이 활용할 수 있는 모든 감각기관이 새로운 정보 습득을 위한 통로가 되었기 때문이다. 이런 상황에서 다시 주목받고 있는 것이 바로 '촉각'이다. 갈수록 메시지는 촉각이 되어 우리 몸에 각인될 것이고, 그럴수록 더 생명력이 생기기 때문이다. 이런 미디어의 변화를 매클루언은 "미디어는 마사지"[06]란 명제로 정리해 주고 있다.

매클루언은 이를 다시 부족화(tribalization)-탈부족화(detribalization)-재부족화(retribalization)란 개념으로 요약한다. 부족화는 구어시대의 특징인데, 육성과 오감을 통한 소통을 하기에 사람들은 적당한 규모로 공동체를 구성하게 된다. 이것을 매클루언은 부족화라 이름지었다. 탈부족화란 문자-인쇄시대의 특징이다. 문자는 시공의 제약을 뛰어넘으며 소통의 당사자를 반드시 눈앞에 둘 필요가 없다. 거리의 제약이 해제되며, 심지어 시간의 간극도 메워주는 것이 문자이다. 우리는 수천 년의 시간과 수만 리의 공간을 넘어 같은 메시지의 문자 기호를 대할 수 있기 때문이다. 따라서 문자-인쇄시대에 이르면 사람들은 점차 탈부족화되

---

06) 마셜 맥루한(김진홍 역),『미디어는 마사지다』(서울: 커뮤니케이션북스, 2001), p.8

고 개인화되며 강한 민족주의적 성향을 보이게 된다. 그리고 시작과 끝이 분명한 책의 특징이 이 시대를 사는 인류에게 선형적 역사관을 제공하였다. 그러다 전기시대에 이르게 되면 다시 부족화의 움직임이 일게 된다. 함께 라디오를 들으며, TV를 보고, 영화를 즐기며 사람들은 또다시 공동체를 구성하게 된다. 이를 매클루언은 재부족화란 단어로 이해했다. 이제 사람들은 소통을 위해 다시 오감을 동원해 같은 시공 속에 공동체로 모이게 된다. 이런 흐름은 시각 중심이라는 단일감각형 인간을 다시 복수감각형으로 만들기에 용이했고, 이제 인류는 이성 중심적으로 이뤄지는 독서형 학습이 아니라 인간의 모든 감각이 총동원되는 전인적 학습과 촉각적으로 정보를 수용하는 방식으로 전환하기 시작했다.

이렇게 현대인은 TV를 통해 세상을 보고, 인터넷을 통해 세상과 소통하며, 컴퓨터를 통해 기억을 확장한다. 오랜 수련 끝에 경지에 오른 검도인에게 죽도는 자신의 손과 다를 바 없다. 그처럼 미디어는 우리 몸의 치장을 넘어 이미 우리의 일부가 되었고, 현대인은 이렇게 미디어를 통해 세상과 만나고 사람과 소통한다. 따라서 지금은 매스 미디어와 그것을 통해 유통되는 대중문화의 본질과 구조를 모르고서는 사람을 알 수가 없다. 이런 점에서 교회와 성도를 이끌어가는 목회자 역시 대중문화와 매스 미디어에 대한 이해와 공부를 소홀히 할 수 없게 되었다.

현대 문화와 관련하여 캘빈대학교(Calvin University)의 명예 교수인 로마노프스키(William D. Romanowski, 1954~)의 주장 또한 귀 기울일 만 한다. 그는 학창 시절 직접 밴드의 일원으로 활동할 만큼 대단한 록 음악 애호가이고, 영화에도 조예가 깊은 기독교 계의 대표적인 현대 대중문화 연구가이다. 그는 대중문화를 '현 실의 지도'(Map of Reality)라 정의한다.[07] 대중문화는 단순히 휘발 성 소비재로 끝나는 것이 아니라, 동시대를 품고, 담아내는 지도 의 역할을 한다는 것이다. 따라서 깊이 있고 세밀한 대중문화 이 해는 동시대인과 그들이 속한 사회를 제대로 읽어내는 왕도가 된다. 대중문화는 천박하고 소비 지향적이라 무시하고 지나칠 것 이 아니라, 세심히 살피고 분석해야 할 우리 시대를 읽는 최고의 지도이며, 내비게이션이라 할 것이다.

이런 점에서 현대 문화를 세속적이라, 무신론적이라며 배척만 해서는 안된다. 현대 문화의 정수를 이해하고, 그것의 본질과 특 성을 제대로 살피지 않는다면 결국 그 시대를 사는 동시대인들 을 이해하기도 곤란해지기 때문이다. 그런 점에서 매클루언과 로 마노프스키의 웅변은 우리에게 암시하는 바 적지 않다. 현대 대 중문화는 그 시대를 사는 현실의 지도이며, 인류가 어떤 미디어 에 집중하는지를 이해한다면 우리가 주목하고 있는 현대 사회 속 성결을 회복하기 위한 열쇠를 찾을 수 있기 때문이다. 무엇보 다 미디어에 따라 사람이 바뀌어 간다는 점이다. 따라서 현대 사

07) 윌리엄 로마노프스키(정혁현 역), 『맥주, 타이타닉, 그리스도인』(서울: IVP, 2004), p.79

회 주류 미디어를 분석하고, 그것의 특징을 파악하는 것은 동시대를 함께하는 교회의 지상 과제라 할 것이다.

2. '촉각'과 '성결'

사람들은 종교 하면 무겁고 진지한 것을 먼저 생각한다. 사실 그렇기도 하다. 종교가 다루는 주제들 - 초월, 성스러움, 궁극성 등 - 대부분이 일상적인 것보다는 무겁고 진지한 것들이기 때문이다. 그런데 최근 치데스터 같은 연구자는 대중문화와 종교를 비교하고 있다. 그가 주목하는 부분은 종교와 대중문화의 사회적 역할이 중첩되는 부분이 적지 않다는 점이다. 종교에서 다루는 주제인 초월, 성스러움, 궁극성 등을 잠시 뒤로 놓고 생각해본다면, 결국 종교는 사회적 응집과 연대를 강화하는 역할을 한다. 지극히 전형적인 뒤르켐식 종교이해[08]이긴 하나, 종교의 사회적 역할은 부인할 수 없는 현실이기도 하다. 그런데 바로 이 지점에서 종교와 대중문화는 만나는 지점이 있다는 것이다. 추구하는 대상과 본질에 관해서 종교와 대중문화는 질적으로 다른 것이 분명하지만 그것이 사회 속에서 구현하는 일상과 역할에는 겹치는 부분이 보인다는 것이다.

---

08) 오스트레일리아 원주민의 토템을 연구한 뒤르켐은 종교의 역할을 공동체의 유대감 강화로 보았고, 이런 그의 관점은 사회학이라는 새로운 분과학문이 등장하는 계기가 되었다.

치데스터는 종교와 대중문화가 가지는 유사한 특성을 몇 가지로 묶어 설명한다. 그가 먼저 주목한 것은 '촉각'이다. 촉각은 인간의 감각 중에서 가장 원초적이고 중요한 것 중 하나이다.[09] 과학자들의 보고에 따르면, 보통 임신 8주 정도가 되면 벌써 촉각 기능이 형성된다고 한다. 그리고 12주 정도가 되면 어른에 근접한 촉각 활동을 보인다고 한다.[10] 시각, 청각, 미각, 후각 등 다른 감각기관이 형성되기 전부터 촉각은 발화하여 활동하고 있다. 이것이 뜻하는 바는 인간 생존에 가장 필수적이고 중요한 감각이 바로 촉각이라는 것이다. 보통 촉각은 우리 피부 전반에 퍼져 있고 압점, 통점, 냉점, 온점으로 구성된다.[11] 대부분 외부의 자극에 적절히 대응하기 위한 것이고 그것의 위험 강도 여부에 따라 즉각적 반응을 하기 위한 신경계의 전략이라 할 수 있겠다. 따라서 촉각은 무엇보다 원초적이고 생득적이고, 또 본래적이다. 비록 문자-인쇄시대에 인류가 시각 중심형 인간으로 바뀌었다 하더라도 인간 감각의 근간을 이루는 것은 촉각이요, 따라서 촉각을 통해 각인된 정보는 시각을 통해 암기된 것보다 더 본래적이고 강렬하다 할 것이다.

치데스터는 촉각이 이루어지는 과정을 3가지로 구분한다. 첫 번째가 피부를 통해 얻어지는 감성이요, 두 번째는 운동감각을

09) 이모영, "촉각인지 특성 분석", 한양대학교교육공학연구소, 「학습과학연구」 제9권 제1호, 2015, p.131
10) 최보현, "일개 병원 임부의 태아 애착과 신생아 시각, 청각의 관계", 연세대학교 교육대학원 간호학교육 석사학위 제출 논문, 2003, pp.9-10
11) 유영갑, 송영준, 김동우, "인간 감각 정보를 위한 평생 기억용량 평가", 한국콘텐츠학회, 「한국콘텐츠학회논문지」 제9권 제1호, 2009, p.24

통해 얻어지는 신체 속에 포함된 감각이며, 세 번째는 몸 안 대상들의 물리적 조정을 통해 얻은 지각 정보이다.[12] 촉각은 이런 세 가지 과정을 통해 생겨나는데, 이러한 몸의 촉각 혹은 촉감이라는 점에서 대중문화와 종교는 매우 밀접히 닮아있다고 지적한다.

치데스터는 이러한 촉각의 성격을 4개, 즉 묶음(binding), 불태움(burning), 움직임(moving), 다룸(handling)으로 설명한다. 먼저 묶음은 사회적 응집과 통합을 상징한다. 종교전통 대부분이 이러한 사회적 공동체 구성을 강화하는 교리나 신화를 지니고 있다. 예를 들어 그리스도교의 경우 바울이 주창한 그리스도의 몸이라든지, 베다 힌두교에서 말하는 최초의 인간 푸루샤로부터 모든 계급의 인류가 나왔다고 하는 것은 바로 이러한 묶음을 강조하는 것들이다.[13] 이러한 묶음의 속성은 해당 공동체의 구성원들을 '우리'로 연대하게 만든다. 두 번째 불태움은 열정으로 설명되는데, 종교는 종종 개인과 집단을 하나로 융합하는 에너지, 열정, 활력이기도 했다.[14] 종교적 촉각의 하나로 움직임은 앞을 향한 '전진'이다. 인류, 문화, 종교의 움직임은 공간과 시간을 넘어서기 위하여 다양한 기기와 도구의 도움을 통해 거침없이 전진하고 있다고 본다.[15] 마지막으로 종교적 촉각으로서 다룸은 궁극적으

---

12) 전명수, "종교와 대중문화의 관계 시론", 한국종교학회, 「종교연구」 48집, 2007, p.372
13) David Chidester, *Authentic Fakes* (Berkeley, Unversity of Califonia Press, 2005), p.87
14) ibid., p.88
15) ibid., p.89

로 세상을 살아가며 겪는 도전, 특히 보거나 들을 수 없는 것에 의해 생기는 도전을 처리할 수 있는 능력을 말한다.[16]

치데스터는 이 점에서 대중문화와 종교는 묘하게 닮아있다고 보았다. 앞서 살핀 바와 같이 미디어는 인간 인식의 확장과 변화를 가져온다. 매클루언의 구분에 따르면, 현대 사회는 재부족화 시대이고, 이전보다 훨씬 촉각이 강조된다. 촉각은 모든 감각의 상호작용을 말한다.[17] 그리고 촉각이라는 차원에서 종교와 대중문화는 상호 경쟁적이다. 애초 종교도 역시 경험을 중심으로 하는 촉각의 영역이었다.

16세기 루터의 종교개혁이 독서 혁명을 통해 성취되었고, 이후 그리스도교, 특히 개신교회는 논리적이고 이성적 영역을 강조하는 방향으로 전진하였다. 미디어의 구분에 따르자면, 마침 이 시기는 인쇄시대였기에 종교개혁의 정신은 그와 같은 맥락 위에 있었다. 시각 중심형이었던 인쇄시대에 맞게 개신교의 주지주의적 성향은 큰 무리 없이 시대정신으로 작동할 수 있었다. 그러나 전기시대로 진입한 현대 사회는 다른 환경이 되었다. 이제 촉각을 비롯한 복합감각형 인간이 다수를 이루는 사회가 되었고, 사람들은 이성 중심에서 촉각 지향적 문화로 이행하고 있다. 더 자극적이고, 더 선명하고, 더 화상도 높은 것에 집중하고 지향하는 인간으로 바뀐 것이다. 사람들은 탈부족적으로 차분히 정좌하여

---

16) ibid., p.90
17) 마셜 맥루한(박정규 역), 『미디어의 이해』(서울: 커뮤니케이션 북스, 1997), p.451

시공을 초월하는 논리성에 기초한 지식 습득보다는 온몸에 전해 오는 복합적이고 입체적인 자극을 통해 지식과 정보를 습득하는 것에 익숙하게 되었다. 현대를 이끄는 문화의 동력이 그러한 방향을 이미 지향하고 있다. 이제 이성적이고 논리적이며, 이론적인 태세보다는 즉각적이고 총체적이며 복합적인 자극을 더 선호하는 환경이 된 것이다.

이런 환경 아래 대중문화는 거대 자본주의 산업과 결합하면서 기존 종교와는 달리 확실한 물질적 실체가 있는 신앙 대상을 만들어 내기 시작했다. 전통과 정통에 묶인 종교는 여전히 추상적이고 이론적 추적을 통해서나 도달할 수 있는 가믈한 신앙의 대상을 설파하고 있지만, 대중문화는 더 구체적이고 즉각적이며 실체적 자극을 줄 수 있는 대상을 신앙하고 있다. 그래서 자본주의 사회의 소비용 상품은 어느새 패티시의 대상으로 경배와 숭배의 대상이 되어갔다. 그리고 이를 소비하는 현대 인류는 종교를 대할 때의 묶음, 불태움, 움직임, 다룸을 대중문화 소비에 그대로 전이하고 있다. 거기에 더 구체적이고 즉각적인 대상을 앞세우고 있으니 기존 종교 전통과의 경쟁에서 대중문화가 상대적 우위를 점하는 것은 당연하다 할 수 있겠다. 그래서 현대인은 '야구 교회'(the church of baseball), '코카콜라 물신'(the fetish of coca-cola), '록앤롤 잔치 의례'(the potlatch[18] of rock'n'roll)에 참여하고 있다.[19]

---

18) 포틀래치는 미국 북서해안의 인디언 콰키우틀족이 행하는 독특한 잔치판을 지칭한다. 잔치판을 열어 상대방을 초청하여 조건 없이 상당한 양의 재화를 선물로 나눠 준다. 이를 통해 인디언들은 부족 사이의 불균형한 재화를 조정할 뿐만아니라, 비슷한 규모의 선물 잔치를 베풀지 못하는 부족은 하위 계급으로 예속하여 나름대로 인디언 부족 간 위계 형

이와 같은 치데스터의 지적은 암시하는 바 적지 않다. 이는 종교가 사람의 촉감에 적절한 반응을 주지 못하면, 그 역할을 대중문화가 가져갈 수 있다는 말과 다르지 않기 때문이다. 종교 공동체 안에서 묶음과 불태움, 그리고 움직임과 다룸의 감각이 작동하지 않는다면 더는 그곳에 머물 이유가 없게 될 것이다. 교회 생활 속에 공동체의 하나 됨을 경험하지 못한다면, 또한 매번 하나님 체험에 기반한 헌신을 불타는 열정으로 담아내지 못한다면, 분명한 신앙목표를 찾지 못하여 앞으로 나아가지 못하고 있다면, 교회 공동체에서 적당한 자신의 과제와 업무를 찾지 못한다면 어떤 일이 생길까?

곧바로 사람들은 그런 촉각을 주는 다른 대체물을 찾으려 할 것이다. 이제 주일이 되면 산으로, 강으로, 때론 수많은 이가 모여있는 경기장으로 발길을 돌릴 것이다. 거기서 동호회 식구들과 함께 동질감을 만끽하며 묶음의 감격을 느낄 것이고, 때론 거대한 경기장에서 같은 깃발과 유니폼으로 갈아입고 특정 팀의 팬이 되어 목이 터지라고 응원가를 부르며 동질감의 기쁨을 나눌지도 모른다. 때론 좋아하는 아이돌 그룹이나 밴드의 공연장을 찾아 함께 춤추고 노래하며 자신의 열정을 불태울지도 모른다. 만약 교회 안에서 그러한 묶음과 열정 그리고 움직임과 다룸을 경험하지 못한다면 말이다. 따라서 목회자라면 누구보다도 예민하게

성에도 영향을 끼쳤다.

19) David Chidester, *Authentic Fakes*, p.36

동시대 문화적 흐름을 살펴야 할 것이다. 사람들이 어떤 영화, 드라마, 소설 그리고 게임에 몰입하는지. 그리고 그것의 구성적 특징은 무엇이고 내용은 무엇을 지향하는지. 현대 문화에 몰입하는 이들을 다시 신앙의 세계로 초대하기 위해서 무엇을 우리가 설교에 담아내야 할 것인지 우리는 대중문화를 비롯한 다양한 문화 콘텐츠 분석을 통해 알아낼 수가 있는 것이다. 그런 점에서 현대 목회자는 문화와 미디어에 대한 전문가이기도 해야 할 것이다. 그것이 문화 시대를 맞은 교회와 목회자의 열린 태도요 지향할 바이다.

지금까지 우리는 매클루언과 치데스터의 문화 분석을 통해 달라진 현대인의 세계관과 현대 대중문화의 구조적 특징을 주제로 살펴보았다. 이제 이런 달라진 환경에 성결의 회복이 어떻게 가능한가를 모색하고자 한다. 이 작업은 성결이란 용어를 설명함으로써 시작하고자 한다.

성결은 기독교대한성결교회의 핵심이 되는 개념이다. 아울러 성결교회의 가장 중요한 교리이기도 하다.[20] 그런데 웨슬리 신학 전통에서 이 개념은 '성결'을 위시하여 '성화', '기독자 완전', '완전한 사랑' 등 여러 용어로 불려 왔다.[21] 많은 경우 성결을 '흠 없고 깨끗하고 타인으로부터도 칭송받는 도덕적 삶'으로 해

---

20) 박명수, "한국성결교회 성결론의 신학적 이해", 성결대학교 성결교회와 역사연구소, 〈성결교회와 역사〉No.2(2000), p.41
21) 샌스터(조종남 역), 『존 웨슬리의 성결론』(서울: 선교햇불, 2021), p.37

석하지만, 실상 성결은 그 이상을 지향하는 신앙적 가치이다. 성결은 인간의 주체적 행위를 통해 가능한 것이 아니라, 지속적 성령 충만을 통해 선물로 주어지는 하나님의 축복이요 은총이다. 따라서 성결은 무엇보다 체험적 신앙의 정수요 핵심이다. 그리고 이 체험이 지향하는 바는 말할 것도 없이 '하나님'이며, 이런 맥락에서 성결은 곧 '하나님(성령) 체험의 지속'을 뜻한다. 이를 요즘은 '영성'(Spirituality)이라 부르기도 하지만, 영성이 가지는 가톨릭적 의미보다 성결은 '성령 체험'과 '하나님 체험'을 직접적으로 지향한다는 점에서 복음 집중적이고 또한 우리 기독교 신앙의 본질에 더 가깝다고 할 수 있다. 조종남은 성결을 '기독자 완전'에서 다루며 그 특징을 다음과 같이 3가지로 정리한다.[22] ① 종교의 진수(religion itself) ② 동기의 완전이지 절대적 완전은 아님 ③ 순간순간 주를 의지함으로써 유지되는 완전

이 말은 성결 혹은 기독자 완전은 도덕적 인간의 자율적 판단과 행위로 얻어지는 결과물이 아니라는 것이다. 그보다는 매일 성령의 세례 속에 충만함을 입어 그리스도를 닮아가는 동기의 완전을 뜻한다. 이는 대단히 촉각적이며 체험 지향적 개념이다. 이런 성결이 가지는 타율적이고 체험적 요소는 기독교대한성결교회의 헌법에도 그대로 드러난다.

"그리스도로 말미암아 성령의 세례를 받음이니 곧 거듭난 후에

---

22) 조종남, 『요한 웨슬레의 신학』(서울: 대한기독교출판사, 1984), pp.137-142

믿음으로 순간적으로 받는 경험이다. 이 은혜는 원죄에서 정결하게 씻음과 그 사람을 성별하여 하나님을 봉사하기에 현저한 능력을 주심이다.(행 1:4, 5, 15:8, 9, 1:8, 눅 24:49) 사람이 의롭다 함을 얻음에 믿음이 유일의 조건됨 같이 성결도 오직 믿음으로 얻는 은혜이다."(롬 5:1, 행15:8, 갈3:4, 요일1:9)(헌법 제18조)

헌법에서도 성결은 '성령 세례'와 '오직 믿음으로 얻는 은혜'임을 밝히고 있어 이것이 인간의 자율적 도덕 행위의 결과가 아님을 분명히 밝히고 있다. 그렇다면 성결에서 핵심은 '수동성'이다. 성결은 '인간'이 아닌 '하나님'이 하신 일이며, '내'가 아닌 '그분'의 솜씨이기 때문이다. 이는 종교개혁의 인물 마르틴 루터(Martin Luther, 1483~1546)의 칭의 사상과도 맥을 같이 하고 있다. 루터가 말한 칭의는 '수동의 의'(iustitia passiva)이다.[23] 가톨릭교회와 직제를 신앙생활의 근저에 놓고 있던 중세에 오로지 하나님만을 중심에 모신 루터의 칭의는 본질상 수동적일 수밖에 없다. 웨슬리의 성결 역시 이런 맥락에서 수동적이다. 방점이 인간이 아니라 하나님에게 있기 때문이다.

성결교회는 교회의 직제나 조직에 기초해 명명한 다른 교단들에 비해 이름부터 신앙적이며 복음적이다. 성결이란 명칭이 '하나님 체험', '예수 체험', '성령 체험'을 지향하기 때문이다. 이 점에서 장로제나 감독제 혹은 침례행위에 기초하여 교단의 이름을

---

23) Bertnd Moeller, *Geschichet des Christentums in Grundzügen*(*Vandenhoeck & Ruprecht*, 2000), p.224

정한 경우와는 분명 차별된다. 그리고 그런 체험적 신앙을 뿌리로 하여 성화의 훈련을 계승한다는 분명한 목적의식을 지닌 교단이 성결교회이다.

문제는 자꾸 성결을 일반 세속 윤리와 혼동하여 성결교회의 핵심인 '체험'이 묽어지거나 혹은 이를 너무 도구화하여 본디 성결이 지향하는 '하나님'-'예수님'-'성령님' 체험이 묽어진다는 점이다. 성결은 단순히 도덕적으로 흠 없는 생활 이상의 것이다. 그것은 성령 충만을 통하여 하루하루를 하나님과 동행하며 사는 지극히 신앙적이고 체험적인 목적의식을 말한다. 매 순간 하나님을, 예수님을, 성령님을 체험하며 그 때문에 성도 개개인의 일상마저 거룩하게 하는 것이 바로 성결의 핵심이요 목적이다. 이 점에서 성결은 촉각의 영역에 속하며, 이성 논리만으로 제한할 수 없는 체험의 영역에 속한다고 하겠다.

3. 몇 가지 대안

지금까지 이어온 글의 논지는 다음과 같다. 우선 이 글은 현대 사회 속 성결의 회복을 주목적으로 하며, 이를 위해 먼저 현대 사회의 문화적 특징을 살폈다. 현대 사회는 세속화 사회이며, 공교육은 이를 더욱 강화하고 있다. 미디어적 측면에서 보자면, 현대 사회는 매클루언이 진단했던 것처럼 문자-인쇄시대의 탈부족화 시대를 지나 재부족화 단계에 이르고 있다. 현대 전기 미디어

기기들은 이전 시대 시각 중심형 인간을 다시 구어시대의 복합감 각형 인간으로 바꾸어 놓았고, 무엇보다 촉각이 강조되는 환경을 구축하였다. 발달한 현대 문명을 상징하는 지시어로 종종 '디지털'이라는 낱말을 사용하는데, 이 말 자체가 촉각적이다. 디지털은 라틴어 'digit'에서 온 것이고 그 뜻은 손가락이다. 손을 꼽아 숫자를 세는 것이 디지털의 어원이다. 현대 스마트 기기들은 대부분 터치를 수용한다. 손으로 압박하여 다양한 명령을 시행하며 원하는 결과물을 얻어내는 구조이니 대단히 촉각적이다. 환경이 이러하니 인간도 바뀔 수밖에 없다. 현대인은 복합감각형 인간으로 무엇보다 촉각적 자극에 예민하고, 그렇게 교육받고 또 길들어있다.

바로 이 지점에서 교회와 세상의 불편한 만남이 비롯된다. 동시대 사회와 인류는 촉각형 혹은 촉각 지향적으로 바뀌었는데도 교회는 여전히 종교개혁시대 이후 고정된 단일감각형 자극에만 머무는 것은 아닌지 진지한 반성이 필요할 때이다. 중앙집중식 구조의 예배당에 딱딱하고 기다란 장의자에 앉아 설교자의 일방적인 메시지를 한 시간 이상 듣고 있는 구조는 촉각 지향적 인간에게는 감내하기 어려운 행사일 수 있다.

앞서 살펴보았듯이 신앙, 특히 성결의 본질은 전인적이며, 그런 점에서 촉각적이다. 논리-이성적 작업의 결과만이 성결일 수 없다는 것이다. 성결 역시 터치이며 촉각 지향적 특징을 지닌다. 다만, 달라진 것은 성결은 인간 상호의 터치가 아니라, '하나님의 터치'라는 점이다. 그런데 현 교회의 신앙교육과 행사는 그러한 신앙적 터치보다는 암기에 기반한 주입교육에 집중되어 있다. 이런 점에서 교회도 이젠 촉각 지향적 신앙 교육과 그와 관련된 콘텐츠 개발에 집중할 필요가 있다. 그래야 달라진 동시대인에게 제대로 된 신앙 자극을 제공할 수 있을 것이기 때문이다.

이를 위해 전례적 예배의 강화는 충분한 도움이 될 것이다. 리마예전의 모범에 따라 목회자와 평신도가 협력적으로 참여하며 누구든 가만히 자리에 앉아 수동적 역할에만 만족할 것이 아니라, 적극적으로 전례적 예배에 동참하는 구조를 만들어 몸과 영이 함께 반응하도록 해야 할 것이다.

또한 예배 외 신앙교육에도 전인적 자극이 가능한 프로그램을 개발하여 운영할 필요가 있다. 한때 한국교회에 바람을 탔던 찬양집회도 일종의 몸을 포함한 신앙프로그램이다. 다만, 그것이 매너리즘에 빠져 성령의 창발적 자극을 저해하지 않도록 하는 세심한 배려가 필요할 것이다. 교회 안에서 신앙적 촉각을 자극하고 강화할 수 있는 다양한 프로그램이 성인과 어린이 그리고 청소년을 위해 마련되어야 할 것이다. 이제 화강암처럼 굳어있는 장의자에서 벗어나 자유롭게 이웃과 동료의 '터치'를 주고받으며 결국 하나님의 '터치'를 희구하는 방식으로 교회의 각종 프로그램이 장치되어야 할 것이다.

때에 따라, 예배공간의 구조도 바꿀 수 있어야 할 것이다. 지금처럼 일방적이고 중앙집권식이고 참여자의 수동적 자세만을 강요하는 고체화된 교회에서 필요에 따라 공간의 배치가 자유로운 '액체 교회'(Liquid Church)를 지향하는 것이 유익할 것이다.[24] 예배 위주의 공간 설치도 재고할 필요가 있을 것이다. 이 부분은 액체 교회를 지향하면 어느 정도 해결될 수 있는 문제이기도 하다. 교회 내 가장 큰 공간은 집합 예배를 위한 것인데, 실제 그 공간의 활용은 특정 일자에 집중되어 있기에 효율적이지 않다. 무엇보다 예배실 설치물 대부분이 고정되어 있고 이동이 불편하기에 현 한국 개신교회의 공간 활용은 극히 제한적이다. 예배공간의 설치물을 고정형이 아니라 이동용으로 한다면 이 부분은 어느 정도 개선될 수 있을 것이다. 교회 시설 중 적당한 규모의 마룻바닥 실이나 확 트인 개방형 공간도 필요할 것이다. 교인들이 함께 몸을 쓰며 하나님의 터치를 체험할 수 있는 적절한 공간 확보는 중요하기 때문이다.

신앙의 언어도 동시대인이 이해하도록 '번역'되어야 할 것이다. 신학자와 목회자 그리고 언어학자들이 연합하여 섬세하게 촉각의 시대에 맞게 전통적 신앙 언어를 번역해야 할 것이다. 그래서 동시대인들이 즉각 반응하는 언어가 되도록 해야 한다. 성서번역 역시 예외가 아니다. 쉼 없이 동시대인과 호흡하며 성서에 가득한 성령 체험의 언어가 동시대인들에게도 통역 없이 이해할 수 있도록 성서는 늘 새롭게 번역되어야 하고, 그에 따른 주석 작업역시 쉼 없이 이어져야 할 것이다.

이런 노력을 통해 교회는 다시 성결 체험의 통로가 될 수 있을

---

24) 안덕원, "차세대 성전건축과 예배-교회 건축의 현재와 미래", 「활천」 624권 11호, 2005년 11월, p.26

것이다. 바뀐 시대, 달라진 사람들에게 불변의 복음을 적절한 미디어에 담아 서로 통교할 때 현대 사회 성결의 회복은 먼 이야기가 되지 않을 것이다.

"개혁된 교회는 늘 개혁되어야 한다."

(Ecclesia reformata, semper reformanda est)

참고문헌

1. 단행본

기초과학연구원(IBS). 2020. 『코로나 사이언스』. 동아시아.

김선희, 『사이버시대의 인격과 몸』(서울: 아카넷, 2004)

김승혜, 김성례 외, 『그리스도교와 무교』(바오로딸, 1998)

김종서, 『서양인의 한국종교연구』(서울: 서울대학교 출판부, 2006)

김홍권, 『좋은 종교, 좋은 사회』(서울: 예영커뮤니케이션, 2008)

김홍철 외, 『한국종교사상사 IV』(서울: 연세대학교 출판부, 1998)

니니안 스마트(김윤성 역). 『종교와 세계관』. 서울: 이학사 2000.

마셜 맥루한(김진홍 역). 『미디어는 마사지다』. 서울: 커뮤니케이션북스. 2001.

마셜 맥루한(박정규 역). 『미디어의 이해』. 서울: 커뮤니케이션북스. 1997.

맥닐, W. 2020. 『전염병의 세계사』. 김우영 역. 이산.

문화관광부, 『한국의 종교현황』(서울: 문화관광부 종무실, 2002)

박일영, 『한국 무교의 이해』(왜관: 분도출판사, 1999)

박한선·구형찬. 2021. 『감염병 인류』. 창비.

방원일, 『초기 개신교 선교사의 한국종교 이해』(서울대 박사 학위 논문, 2011)

서광선 외, 『한국교회 성령운동의 현상과 구조』(서울: 대화출판사, 1982)

숭실대학교 한국기독교문화연구소 편, 『사이버문화와 기독교 문화 전략』(서울: 쿰란출판사, 1999)

시마조노 스스무. 2010. 『포스트모던의 신종교』. 이향란 역. 한국가 족복지연구소.

심영보, 『사이버신학과 디지털교회』(파주: 한국학술정보, 2008)

심영보,『사이버신학과 사이버은총』(파주: 한국학술정보, 2011)

안명준 외,『전염병과 마주한 기독교』(서울: 다함, 2020)

야마모토 타로(한승동 역).『사피엔스와 바이러스의 공생』(서울: 메디치미디어, 2020)

윌리엄 로마노프스키(정혁현 역).『맥주, 타이타닉, 그리스도인』. 서울: IVP. 2004.

유동식,『한국무교의 역사와 구조』(서울: 연세대학교출판부, 1985)

유현준,『공간의 미래』(서울: 을유문화사, 2021)

이길용.『루터』(서울: 아르테. 2020)

이신건,『조직신학입문』(서울: 신앙과지성사, 2014)

장성배,『교회, 문화 그리고 사이버스페이스』(서울: 성서연구서, 2001)

장항석『판데믹 히스토리』(서울: 시대의창, 2018)

조종남.『요한 웨슬레의 신학』(서울: 대한기독교출판사. 1984)

최인식,『예수, 그리고 사이버 세계』(서울: 대한기독교서회, 2001)

카렌, A.『전염병의 문화사』(서울: 사이언스북스, 2001)

칼 바르트(신준호 옮김),『개신교신학입문』(서울: 복있는 사람, 2014)

Buber, Martin, *Ich und Du* (Stuttgart: Philipp Reclam, 1995)

Carr, Edward Hallett, *What is history*, 곽복희 역,『역사란 무엇인가』, (서울: 청년사, 1993)

Chidester, David, *Authentic Fakes: Religion and American Popular Culture*(Berkeley & L.A.: University of Califonia Press, 2005)

Cobb, Jennifer, *Cybergrace: The Search for God in the Digital World*, (New York: Crown Pub. Inc., 1998)

Csikszentmihalyi, *Mihaly, Finding Flow*, 이희재 역,『몰입의 즐거움』(서울: 해냄출판사, 2007),

Diamond, Jared M., *Guns, Germs, and Steel*, 김진준 역,『총,균,쇠』(서울:문학사상사, 2013)

Gerste, Ronald D., *Wie Krankheiten Geschichte machen*, 강희진 역,『질병이 바꾼 세계의 역사』(서울: 미래의창, 2020)

Harari, Yuval Noah, Homo Deus: *A Brief History of Tomorrow*, 김명주 역,『호모 데우스』(파주: 김영사, 2017)

McGuire, M. B. 2008. *Lived Religion*. Oxford Univ, Press(Kindle Ed.)

Moeller, Bertnd. *Geschichet des Christentums in Grundzügen*. Vandenhoeck & Ruprecht. 2000.

Nussbaum, Martha, *From Disgust to Humanity*, 강동혁 역,『혐오에서 인류애로』(서울:뿌리와이파리, 2016)

Pöhlmann, Horst Gerog, *Abriss der Dogmatik*, 이신건 역,『교의학』(서울: 신앙과지성과, 2012),

Rifkin Jeremy, *The Third Industrial Revolution*, 안진환 역,『3차산업혁명』(서울: 민음사, 2012)

Schwab, Klaus, *Shaping The Fourth Industrial Revolution*, 김민주 & 이엽 역,『더 넥스트』(서울: 새로운현재, 2018)

Schwab, Klaus, *The Fourth Industrial Revolution*, 송경진 역,『제4차 산업혁명』(서울: 새로운현재, 2016)

Stark, Rodney. *The Rise of Christiaity*(NY, HarperOne, 1996)

Tegmark, Max, *Life* 3.0, 백우진 역,『라이프 3.0』(서울: 도서출판 동아시아, 2017)

W.E. 생스터(조종남 역).『존 웨슬리의 성결론』(서울: 선교횃불 2021)

Waldstein, Michael, *John Paul II Man and Woman He Created Them*: *A Theology of the Body*, 이병호 역,『몸의 신학 입문』(서울: 가톨릭대학교출판부, 2010)

White, James F. & White, Susan J., *Church Architecture: Building and Renovating for Christian Worship*, 정시춘 & 안덕원 역),『교회건축과 예배 공간』(서울: 새물결플러스,2014)

2. 학술논문

강양구. 2021. "혐오를 이해하기, 바이러스를 이겨내기."『인문학연구』46호, 287-317쪽.

고강호, "사이코드라마티스트와 무당" 한국사이코드라마.소시오드라마학회,「한국사이코드라마학회지」Vol. 4, 2001

권문상, "4차 산업혁명 시대와 기독교 인간론",「조직신학연구」30(한국복음주의조직신학회, 2018)

김대엽·김영배, "4치산업혁명 시대의 핵심 ICT기술",「정보처리학회지」26-1(한국정보처리학회, 2019)

김문기, "신학교육의 문제점과 개혁에 대한 슈페너의 입장", 한국복음주의역사신학회,〈역사신학논총〉11권(2006)

김병용, "중세 말엽 유럽의 흑사병과 사회적 변화",「대구사학」88권(대구사학회, 2007)

김성원, "제4차 산업혁명과 교회론의 방향",「영산신학저널」42(한세대학교 영산신학연구소, 2017)

김성원. "웨슬리안 신학 전통에서 성결론에 관한 고찰". 한국기독교학회.「한국기독교신학논총」18권. 2000.

김영동, "샤머니즘과 한국교회의 신학과 신학교육", 한국기독교학회,「한국기독교신학논총」Vol. 11, 1994

김영재. 2020. "조선조 역병과 코로나19 바이러스에 대한 정부의 대응에 관한 소고".『한국행정사학지』50호, 197-224쪽.

김형락, "예배 전쟁을 넘어 존 웨슬리의 예전적 예배를 향하여",「신학과 선교」45(서울신학대학교 기독교신학연구소, 2014)

김형락, "이머징 위쉽, 현대 한국 기독교의 대안적 예배가 될 수 있는가?",「신학과 선교」37(부천: 서울신학대학교출판부, 2010)

박명수. "한국성결교회 성결론의 신학적 이해". 성결대학교 성결교회와 역사연구소.「성결교회와 역사」2권. 2000.

박양식, "이머징 문화 속의 미셔널 교회 만들기", 「신학과 선교」 40(부천: 서울신학대학교출판부, 2012)

박영범, "'함께 즐거워하고 우는 자들과 함께 울라!'(롬 12: 15)-공감 교회론의 철학적·교회론적 기초 다지기", 「신학과 선교」 53(부천: 서울신학대학교출판부, 2018)

박영범, "교회의 삶을 돕는 교회론을 향하여-성서적, 조직 신학적 기초 다지기", 「신학과 선교」 46(서울신학대학교 기독교신학 연구소, 2015)

박종석, "변화하는 세계와 신학교육의 내용", 한국복음주의신학회, 〈성결과 신학〉40권(2006)

박종천, "몰입, 종교와 대중문화를 녹이다", 「종교문화연구」 15(오산: 한신대학교출판부, 2010)

박찬호, "신학교육 논쟁에 대한 소고:에드워드 팔리의 〈고전적인 유형〉을 중심으로" 개혁신학회, 〈개혁논총〉38권(2016)

박한선, "전염병은 왜 혐오를 일으키는가?", 『SKEPTIC Korea』 21권(스켑틱협회, 2020)

박흥식, "중세 말기 유럽의 성직자와 교회에 미친 흑사병의 영향", 「서양사연구」 44권(한국서양사연구회, 2011)

박흥식, "흑사병이 잉글랜드의 성직자와 교회에 미친 영향", 「통합연구」 21권 1호(밴쿠버기독교세계관대학원, 2019)

박흥식. 2011. "중세 말기 유럽의 성직자와 교회에 미친 흑사병의 영향".『서양사연구』44호, 41-82쪽.

박흥식. 2019. "흑사병이 잉글랜드의 성직자와 교회에 미친 영향".『통합연구』21권 1호, 7-31쪽.

백충현, "교회개혁을 위한 신학적 성찰-교회의 정체성과 적실성을 중심으로", 「신학과 선교」 50(부천: 서울신학대학교출판부, 2017)

송용섭, "제4차 산업혁명 시대의 융합적 교회 모델", 「대학과 선교」 13(한국대학선교학회, 2018)

안덕원. "차세대 성전건축과 예배-교회 건축의 현재와 미래".「활천」 624권 11호. 2005년 11월.

오성욱. "교회갱신의 관점에서 전망한 존 웨슬리의 성결론". 서울신학대학교 기독교신학연구소. 〈신학과 선교〉 56집. 2019.

오승성, "이성과 신앙의 교차적인(transversal) 상관관계", 「신학과 선교」 40(부천: 서울신학대학교출판부, 2012)

오인탁, "대학의 역사와 정신", 오인탁 외 『한국 고등교육 개혁의 과제와 전망』(서울: 양서원, 1993)

오창규, "제4차 산업혁명 시대 ICT 고도화에 따른 윤리적 이슈의 변화", 「윤리경영연구」 19-1(한국기업윤리학회, 2019)

옥성득, "전염병과 초기 한국 개신교, 1885-1919", 「종교문화학보」 제17권 제2호(전남대학교 종교문화연구소, 2020)

우혜란, "사이버순례에 대한 논의", 「종교문화연구」 19(오산: 한신대학교출판부, 2012)

유영갑, 송영준, 김동우. "인간 감각 정보를 위한 평생 기억용량 평가". 한국콘텐츠학회. 「한국콘텐츠학회논문지」 제9권 제1호. 2009.

유용욱. 2021. "팬데믹과 기독교선교". 『신앙과학문』 26-1. 기독교학문연구회.

유재덕, "미래교회운동과 교회교육", 「신학과 선교」 37(부천: 서울신학대학교출판부, 2010)

윤익준, "인수공통감염병 예방 및 관리의 법적 문제", 「법과 정책연구」 제18권 제3호(한국법정책학회, 2018)

윤익준. 2018. "인수공통감염병 예방 및 관리의 법적 문제". 『법과 정책연구』 18권 3호, 99-122쪽.

이모영. "촉각인지 특성 분석". 한양대학교교육공학연구소. 「학습과학연구」 제9권 제1호. 2015.

이상규, "로마 시대 전염병과 기독교인의 대처", 「종교문화학보」 제17권 제2호(전남대 종교문화연구소, 2020)

임희모, "지구화와 다문화 상황에서 한국교회의 선교적 과제" 「신학과 선교」 37(부천: 서울신학대학교출판부, 2010)

전명수, "종교와 대중문화의 관계시론", 「종교연구」 48(서울: 한국종교학회, 2007)

전명수. 2017. "생활 종교와 지역사회복지의 실천". 『종교연구』 77 집 3호, 39-66쪽.

전석원, "1884-1910년의 급성전염병에 대한 개신교 의료선교사 업", 「한국기독교와 역사」, 제36호 (한국기독교역사연구소, 2012)

전성용, "영성이란 무엇인가?-성령론적 영성 신학 서설" 「신학과 선교」 44 (서울신학대학교 기독교신학연구소, 2014)

정상운, "한국 성결교회 신학교육 기관의 역사", 한국복음주의역사 신학회, 〈역사신학논총〉 3권 (2001)

정연락, 강경림, "대학 학부과정에서의 신학교육" 한국개혁신학회, 〈한국개혁신학〉 7권 (2000)

정용석, "기독교 영성연구", 한국대학선교학회, 「대학과 선교」 Vol. 15, 2008

정일웅, "한국교회, 신학교육 이대로 좋은가?-커리큘럼과 교육방 법론을 중심으로", 한국복음주의신학회, 〈성경과 신학〉 No.40 (2006)

조맹기. "맥루한의 미디어-인쇄, TV, 그리고 인터넷 미디어를 중심 으로". 「한국출판학연구」 51호. 2006.

조창연, "한국 개신교 주요교단의 교육제도 분석", 한국개혁신학 회, 〈한국개혁신학〉 23권 (2008)

조흥윤, "초기 개신교 선교사들의 한국 샤머니즘 이해-선교인류 학의 관점에서" 연세대학교 국학연구원, 「동방학지」 Vol. 125.

주경철, "제4차 산업혁명', 혁명인가 진화인가" 『지식의 지평』 23호. (2017)

최동규, 현장 지향적 신학교육과정에 관한 연구- 목회학 석사과정 을 중심으로", 서울신학대학교 기독교신학연구소, 〈신학과 선교〉 No.47 (2015)

최보현. "일개 병원 임부의 태아 애착과 신생아 시각, 청각의 관계". 연세대학교 교육대학원 간호학교육 석사학위 제출 논문. 2003.

최인식, "기술시대의 신학적 문제와 대응", 「신학과 선교」 25(부천: 서울신학대학교출판부, 2000)

최인식, "사중복음 교회론 -하나님 나라 공동체 신학", 「신학과 선교」 48(부천: 서울신학대학교출판부, 2016)

프라마 바타차리야 외, "'내재된 두려움': COVID-19와 인도의 사회적 낙인·타자화", 「국제사회보장리뷰」 Vol. 15(2020 겨울호)

홍성태, "사이버공간과 문화", 「철학과 현실」(서울: 철학문화연구소, 2002.9)

황덕형, "성결의 해석학으로서의 웨슬리의 체험 신학", 한국조직신학회. 「한국조직신학논총」 48집. 2017.

미래사회와 교회

저자 이길용

초판발행 2022년 9월 1일
발행처: 서울신학대학교 출판부
발행인: 황덕형

등 록: 1988년 5월 9일 제388-2003-00049호
주 소: 경기도 부천시 소사구 호현로 489번길 52(소사본동) 서울신학대학교
전 화: (032)340-9106 팩 스: (032)349-9634
인쇄·홍보: 도서출판 종문화사: (02)735-6891
정 가: 18,000원
홈페이지: http://www.stu.ac.kr

ⓒ 2022, Seoul Theological University Press Printed in Korea
ISBN: 979-11-91236-03-3 93230

이 도서의 국립중앙도서관 출판예정도서목록(CIP)은 서지정보유통지원시스템
홈페이지(http://seoji.nl.go.kr)와 국가자료공동목록시스템(http://www.nl.go.kr/
kolisnet)에서 이용하실 수 있습니다.(CIP제어번호: CIP2018017108)